Gerhard F.O. Straube
Drei Linden Str. 19
D-65812 Bad Soden
Germany

ro
ro
ro

rororo Sport
Herausgegeben von Bernd Gottwald

Hans-Dieter Kempf

Hometrainer Fitness

- Kraft, Ausdauer, Beweglichkeit
- Die besten Übungen und Kurzprogramme
- Wenig Aufwand, viel Effekt

Rowohlt Taschenbuch Verlag

Danksagung

Danken möchten wir allen, die zur Entstehung dieses Buches beigetragen haben: den Firmen Puma AG, Thera-Band, Polar, Sport-Thieme und Skip & Jump für ihre Unterstützung, Jana Ramirez für ihre gute Arbeit als Fotomodel, Horst Lichte, der in bewährter Manier die vielen Übungen fotografisch umgesetzt hat, und last but not least meiner Lektorin Claudia Piras und meinem Herausgeber Bernd «Scotty» Gottwald vom Rowohlt Verlag.

Hans-Dieter Kempf

Herstellernachweis

Polar, Hessenring 24, D-64 572 Büttelborn, www.polar-deutschland.de
Puma AG, Würzburger Str. 13, D-91 074 Herzogenaurach, www.puma.com
Thera-Band GmbH, Ludwig Artzt, Mainzer Landstr. 19, D-65 589 Hadamar, Tel. (06 433) 91 650
Sport-Thieme, D-38 367 Grasleben, Tel. (05 357) 181 180, www.sport-thieme.de
Skip & Jump Europe GmbH, Am Sichenwegl 7, D-67 705 Stelzenberg, Tel. (06 306) 66 61

Originalausgabe | Veröffentlicht im Rowohlt Taschenbuch Verlag GmbH, Reinbek bei Hamburg, Juni 2003 | | Redaktion Heike Herrberg | Fotos Horst Lichte und Rowohlt Taschenbuch Verlag GmbH | Umschlaggestaltung any.way/Barbara Hanke, Martina Kloke | (Foto: PhotoDisc®) | Satz Swift und Orator PostScript QuarkXPress 4.11 | Gesamtherstellung Clausen & Bosse, Leck | Printed in Germany | ISBN 3 499 61045 0

Die Schreibweise entspricht den Regeln der neuen Rechtschreibung.

Inhalt

Der Hometrainer

Das 1x4 der guten Haltung

Aufwärmen für optimale Vorbereitung

Bleiben Sie im Gleichgewicht – Koordination verbessern

Kraft tanken – Nicht nur für Gewichtheber

Wer rastet, der rostet – Beweglich werden

Die Übungen auf einen Blick

Der HOMETRAINER

Ist es Ihr Ziel,

- leistungsfähiger zu werden und damit auch Ihre Gesundheit zu fördern?
- die täglichen Belastungen oder «Minderbelastungen» auszugleichen?
- Ihren Körper in allen Bereichen zu trainieren?

Und dabei

- mit geringem Zeitaufwand einen hohen Nutzen zu realisieren?
- effektive Übungen und Programme durchzuführen?

Hört sich an wie die Quadratur des Kreises: Möglichst wenig tun, dafür aber viel erreichen. Doch es funktioniert! Allerdings – und jetzt kommt die Einschränkung – hängt der Nutzen von Ihren individuellen Eigenschaften ab, also von Ihrer körperlichen Verfassung und natürlich auch von Ihren Zielen.

Ist Ihr aktueller Fitnesszustand eher mäßig, werden Sie schon bei leichtem Training schnell eine deutliche Verbesserung feststellen, sind Sie dagegen ganz gut in Form, würde der gleiche Umfang höchstens für einen begrenzten Erhalt Ihrer Leistungsfähigkeit ausreichen. Möchten Sie vor allem für den Alltag fit sein, genügt in der Regel ein Minimalprogramm, sind Sie jedoch entschlossen, Ihr Potenzial wesentlich zu steigern oder sich sportartspezifisch vorzubereiten, z. B. auf einen Halbmarathon, müssen Sie mehr Aufwand betreiben.

Die Vorteile des Trainings spüren

Die Vorteile eines regelmäßigen und dosierten Trainings sind enorm: Herz und Kreislauf arbeiten effizienter, der Stoffwechsel, die Atmung und das Immunsystem werden positiv beeinflusst, Muskelkraft und Beweglichkeit nehmen zu, und die Belastbarkeit von Knochen, Gelenken und Bandstrukturen steigt. Dadurch bekommen Sie eine bessere Haltung, Sie können sich sicherer bewegen, und Ihre Alltagsmotorik wird ökonomischer. Gleichzeitig tun Sie etwas für Ihre Körperwahrnehmung und Ihre Psyche. Sie haben mehr Selbstwertgefühl, werden stressresistenter, fördern Ihr Wohlbefinden – kurz: Sie gewinnen insgesamt mehr Lebensqualität.

Es gibt keine Pille, die auch nur annähernd so viele positive Veränderungen bewirken könnte wie körperliche Aktivität, darin sind sich alle Sportmediziner einig. Bewegung ist einfach durch nichts zu ersetzen!

Bleiben Sie am Ball!

Die meisten Menschen jenseits der 20 beginnen mit einem Training, weil sie etwas für ihre Gesundheit tun oder ihr Gewicht reduzieren wollen. Doch rund drei Viertel sind schon nach kurzer Zeit so enttäuscht, dass sie dem Sport schnell wieder den Rücken kehren. Weil die Übungen doch anstrengender waren als gedacht, weil die überflüssigen Pfunde nicht sofort gepurzelt sind, oder aber weil falsche Erwartungen an die eigene Leistungsfähigkeit gestellt wurden. Hinzu kommt, dass Einsteiger in der Regel zu lange und/oder zu heftig trainieren – zum allgemeinen Frust gesellen sich also noch die typischen körperlichen Beschwerden, die durch Überlastung entstehen.

Vielleicht erleben Sie in Ihrer ersten, zweiten oder dritten Sportstunde auch keine echte Freude. Aber bitte geben Sie dann nicht gleich auf! Bleiben Sie am Ball und behalten Sie Ihre Ziele im Auge: bessere Fitness und mehr Lebensqualität!

Die positiven Veränderungen kommen nach und nach

Die spezifischen Anpassungen, mit denen der Körper auf einen Belastungsreiz reagiert, geschehen stufenweise. Eine erste Leistungssteigerung spüren Sie oft schon nach zwei bis drei Trainingseinheiten. Sie ist zurückzuführen auf die Ökonomisierung, d. h. auf den verbesserten Ablauf aller Funktionen. «Sichtbare» oder «messbare» Wachstums- oder Veränderungserscheinungen in den beteiligten Strukturen (Muskeln, Sehnen etc.) stellen sich dann aber erst später ein, und zwar infolge einer progressiven Erhöhung der Belastung, also der Intensität, der Dauer oder der Häufigkeit des Trainings.

Daneben finden aber auch unspezifische Anpassungen statt, die mit der allgemeinen Umstellung des Nerven- und des hormonellen Systems zusammenhängen. In ihrer positiven Form nennen wir diese Reaktionen einfach «Abhärtung» oder «Resistenz».

Körperliche Fitness heisst nicht nur Laufen

Der Mensch ist motorisch sehr vielseitig und im Vergleich zur Tierwelt gewissermaßen auf die Unspezialisiertheit spezialisiert: Er kann gehen, laufen, springen, hüpfen, kriechen, klettern, schwimmen, werfen, fangen, schleudern und vieles mehr. Dafür benötigt der Mensch Ausdauer, Kraft, Beweglichkeit, Koordination und eine entsprechende Reaktionsschnelligkeit. Und genau dies sind auch die Basiskomponenten einer gesundheitsorientierten Fitness.

5 x 30 – Empfehlung

Allgemeine Empfehlungen sind schwer zu formulieren, denn die individuellen Voraussetzungen jedes Einzelnen sind einfach zu verschieden. Dennoch zeigen zahlreiche Studien, dass eine moderate Bewegung schon ausreicht, um Gesundheit und Wohlbefinden positiv zu beeinflussen.

Die Empfehlung für ein moderates Bewegungsprogramm
3 x 30-minütiges aerobes Ausdauertraining
2 x 30-minütiges Gymnastikprogramm

Im «Hometrainer» zeigen wir Ihnen, wie Sie dieses Training am einfachsten, schnellsten und effektivsten in Ihren eigenen vier Wänden durchführen. Wir legen in diesem Buch den Schwerpunkt auf die Bereiche Koordination, Kraft und Beweglichkeit und bedienen folglich vor allem die gymnastische Komponente, also den zweiten Teil der allgemeinen Empfehlung. Allerdings können Sie mit den im dritten Kapitel («Aufwärmen für optimale Vorbereitung», ab Seite 25) beschriebenen Bewegungsformen auch Ihr Ausdauertraining zu Hause absolvieren. Damit jedoch die positiven Effekte wie Abhärtung und Verbesserung der Stimmungslage nicht zu kurz kommen, empfehlen wir Ihnen, dieses Training so oft wie möglich nach draußen zu verlegen und dafür Sportarten wie Laufen, Walking, Wandern, Radfahren, Skilanglauf, Schwimmen oder Aquajogging zu wählen.

Auf die richtige Belastung kommt es an

Nach einem Lehrsatz, der bereits im 19. Jahrhundert aufgestellt wurde, aber bis heute unverändert gültig ist, hängen Qualität und Funktion eines Organs voneinander ab, und jede Belastung bzw. Nichtbelastung des Organismus hat eine Wirkung, die positiv, neutral oder negativ sein kann.

- Eine leichte bis mittlere Belastung führt zur Anregung und zum Erhalt der körperlichen Funktion.
- Bei einer mittleren bis starken Belastung erfolgt eine positive körperliche Anpassung und damit eine erhöhte Funktionsbereitschaft.

Sowohl eine dauerhaft zu schwache als auch eine ständig zu hohe Belastung kann zu einer Abnahme der Leistungsfähigkeit oder gar zu Schäden führen. Geringere Belastungen sollten Sie allerdings speziell nach einer Verletzung oder einer längeren Pause gezielt zur Regeneration oder zum Wiedereinstieg nutzen. Dies gilt natürlich auch, wenn Sie mit dem Sport überhaupt erst anfangen.

Ohne Pause keine Leistung

Die Anpassung wird durch die körperliche Aktivität ausgelöst, die Leistungssteigerung vollzieht sich aber in der Pause. Dann werden nämlich die mehr oder weniger entleerten Energiespeicher wieder aufgefüllt – und zwar über das Ursprungsniveau hinaus, in der Fachsprache nennt man dies «Superkompensation». Das Wissen um dieses Prinzip ist besonders wichtig für diejenigen, die glauben, ihrem Körper ständig Höchstleistungen abfordern zu können. Und hier sind nicht die sportmedizinisch gut betreuten Leistungssportler gemeint, sondern vielmehr die ambitionierten Hobbysportler, die leider allzu häufig den Leistungsanspruch ihres Berufslebens auf ihre Freizeitaktivitäten übertragen.

Gönnen Sie sich Erholung

Die Einhaltung von Pausen ist ein wichtiger Grundsatz. Zur Belastung gehört die Erholung, zur Spannung die Entspannung und zur Aktivität die Regeneration. Erst die richtige Balance beider Pole schafft Lebens- und Leistungsfähigkeit. Die Dauer der Pause hängt von Ihrem Trainingszustand und der Art Ihres Trainings ab. Generell gilt, dass die Erholungsphase umso länger sein sollte, je anstrengender vorher die Belastung war.

Lassen Sie es langsam angehen!

Beginnen Sie Ihr Trainingsprogramm behutsam, um Ihren Körper schrittweise mit den Belastungen vertraut zu machen. Nehmen Sie sich in den ersten Wochen Zeit zur Gewöhnung und Anpassung. Sie üben dabei zwar mit geringer Intensität und Belastungsdauer, registrieren aber auch hier schon Leistungszuwächse. Die folgenden Monate dienen der weiteren Gewöhnung und der Verbesserung der motorischen Eigenschaften. Sie spüren nun Ihre deutlich gestiegene Belastbarkeit, Sie fühlen sich fitter.

Checken Sie Ihre Gesundheit

In der Regel können Sie jederzeit mit einem leichten Bewegungsprogramm beginnen. Allerdings empfehlen wir Ihnen, vorher einen Gesundheits-Check bei Ihrem Arzt zu absolvieren. Dies gilt insbesondere dann, wenn Sie älter sind als 40 Jahre, Übergewicht auf die Waage bringen, an einer chronischen Krankheit leiden oder sonstige Bedenken und Zweifel haben.

Höhere Belastbarkeit erfordert höhere Belastung

Ihre Leistungsfähigkeit hat sich bereits verbessert, doch Sie möchten noch fitter werden? Dann müssen Sie die Belastungen allmählich steigern. Hier ist es in der Regel günstiger, zuerst die Häufigkeit und die Dauer der Übungen zu erhöhen, und dann erst die Intensität. Allerdings kostet Sie der Sport dann etwas mehr Zeit. Diese Erkenntnisse sind nicht neu – die große Schwierigkeit liegt darin, sie im Training umzusetzen.

Wie gewonnen, so zerronnen

Wie bereits erwähnt, sind die positiven Anpassungserscheinungen des Organismus leider reversibel, denn der Körper stellt sich immer auf den aktuellen Aktivitätsgrad ein, auf ein Training ebenso wie auf einen Bewegungsmangel. Betreiben Sie Ihren Sport also regelmäßig und kontinuierlich. Aber denken Sie daran, dass weniger oft mehr ist. Diese Mahnung richtet sich vor allem an diejenigen Hobbysportler, die zu übermäßigem Ehrgeiz neigen. Zu viel Training macht Ihren Körper anfälliger – und Sie sehen dabei oft auch schlechter aus.

Die Rahmenbedingungen schaffen

Schaffen Sie zuerst einmal die notwendigen Rahmenbedingungen für Ihr Training zu Hause. Suchen Sie sich einen geeigneten, gut zu belüftenden Trainingsort. Er sollte ausreichend groß sein, damit Sie die Übungen mit vollem Bewegungsradius ausführen können. Von Vorteil wäre es auch, wenn Sie die Trainingsgeräte dort einfach liegen lassen könnten, denn so werden Sie im Laufe der Woche immer wieder an Ihr Vorhaben erinnert. Besorgen Sie sich im Sportfachhandel die Trainingsgeräte Ihrer Wahl: eine Bodenmatte, ein Thera-Band, ein Paar Kleinhanteln, ggf. ein Stepp, ein Springseil oder «Rope» und einen Stabilisationstrainer.
Stellen Sie während des Übens das Telefon ab, um Störungen zu vermeiden. Wenn Sie Kinder haben, nutzen Sie die Schul- oder Kindergartenzeiten am Vormittag oder geben Sie Ihrem Nachwuchs eine besonders beliebte, interessante Beschäftigung. Nach dem Training gönnen Sie sich und den Kindern eine Belohnung. Wenn Sie möchten, können Sie mit Musik trainieren und sich durch den Rhythmus motivieren lassen. Beginnen Sie Ihre Trainingseinheit mit folgenden Vorbereitungen: Geeignete Bekleidung anziehen, Trainingsgeräte bereitlegen, Telefon abstellen, Getränk bereitstellen, eventuell Musik anstellen, Fenster ankippen oder ganz öffnen.

Ablauf einer Trainingseinheit (Workout)

Um das Training so effektiv wie möglich zu gestalten, brauchen Sie einen strukturierten Ablauf.

- Bereiten Sie Ihren Körper mit einem 5- bis 8-minütigen Warm-up vor. Wenn Sie möchten, können Sie die Gelenke und Muskeln, die Sie im Verlauf des Trainings vorrangig beanspruchen werden, ein wenig mobilisieren bzw. kurz vordehnen (ca. 5 Sekunden). Anschließend können Sie ein paar Koordinationsübungen machen, da Ihr Körper jetzt noch frisch ist.
- Beginnen Sie nun mit der eigentlichen Kräftigungsarbeit. Wählen Sie dazu Ihre Übungen oder Ihr Übungsprogramm aus. Führen Sie die jeweiligen Übungen nur mit einem Satz (z. B. 30 Wiederholungen) durch und wechseln Sie dann ohne Pause direkt zur nächsten Übung. Sind alle Übungen absolviert, können Sie ein bis zwei weitere Durchgänge machen. Der Vorteil dieses Kreis-, Zirkel- oder Circuit-Trainings liegt in dem optimalen Verhältnis von Trainingsdauer und Trainingseffekt. Sie können aber auch nach dem Prinzip des Stationstrainings vorgehen, wenn Ihnen dies mehr zusagt. Hierbei führen Sie jede Übung mit der zuvor festgelegten Satz- und Wiederholungszahl durch (z. B. 2 x 30 Wiederholungen) und wechseln erst dann zur nächsten Übung. So erzielen Sie einen höheren Trainingseffekt für jede Muskelgruppe, brauchen jedoch wegen der notwendigen Pausen zwischen den Sätzen deutlich mehr Zeit.
- Den Abschluss einer Trainingseinheit bildet das Cool-down. Ein etwa 5-minütiges lockeres Gehen, «Ausradeln» oder «Auslaufen» direkt nach den Übungen ermöglicht es Ihnen, die vorangegangene körperliche Belastung schon teilweise regeneriert zu beenden. Danach können Sie die im Hauptteil beanspruchte Muskulatur dehnen und vielleicht noch ein paar Minuten der Ruhe und Entspannung genießen.

Ablauf eines Workout (45–50 Minuten)

Zeit	Inhalt	Ziel
5–8 Minuten	Aerobic, Laufen, Ropeskipping	Aufwärmen
30 Minuten	Koordinationsübungen, Kräftigungsübungen	Verbesserung der Koordination und der Kraft
10–12 Minuten	Lockeres Gehen, Mobilisationsübungen, Dehnübungen	Cool-down, Verbesserung der Beweglichkeit

Sie können dieses Programm Ihren Bedürfnissen und Ihrem Zeitbudget anpassen.

Ablauf eines Workout (25–30 Minuten)

Zeit	Inhalt	Ziel
5 Minuten	Aerobic, Laufen, Ropeskipping	Aufwärmen
15–18 Minuten	Kräftigungsübungen	Verbesserung der Kraft
5–7 Minuten	Mobilisationsübungen, Dehnübungen	Cool-down, Verbesserung der Beweglichkeit

Ablauf eines Workout (75 Minuten)

Zeit	Inhalt	Ziel
15 Minuten	Aerobic, Laufen, Ropeskipping	Aufwärmen
40 Minuten	Koordinationsübungen, Kräftigungsübungen	Verbesserung der Koordination und der Kraft
20 Minuten	Lockeres Gehen, Mobilisationsübungen, Dehnübungen	Cool-down, Verbesserung der Beweglichkeit

Das 1 x 4
DER GUTEN HALTUNG

Eine gute Haltung hat nicht nur positive Auswirkungen auf Ihr äußeres Erscheinungsbild, sie ist auch die Grundlage für unsere Trainingsübungen. Es macht also durchaus Sinn, aktiv etwas für die Verbesserung der Haltung zu tun. Sie schulen damit übrigens gleichzeitig die Körperwahrnehmung.
In den nachfolgenden Übungen erlernen Sie das 1x4 der guten Haltung: Die Beckenkippung, die Brustkorbhebung, die Halswirbelsäulenstreckung und die Schultergürtelkontrolle. Wiederholen Sie die Übungen mehrmals, vielleicht auch mal mit kleinen Abweichungen.

Beckenkippung

Besonderer Nutzen der Übung

Sie spüren unmittelbar die Verbindung von Beckenbewegung und Wirbelsäulenstellung. Ein leicht nach vorne gekipptes Becken geht mit einer physiologischen Stellung der Lendenwirbelsäule einher, was wiederum eine optimale Weiterleitung von Kräften in der Wirbelsäule bewirkt.

Übungsbeschreibung

1. Stehen Sie aufrecht mit leicht geöffneten und gebeugten Beinen. Fassen Sie den Beckenkamm.
2. Kippen Sie langsam das Becken nach vorne und nach hinten. Stellen Sie sich dabei eine Schüssel mit Wasser vor, die Sie ausleeren und wieder füllen. Spüren Sie, wie sich Ihr Körper aufrichtet, wenn Sie das Becken nach vorne kippen.
3. Kippen Sie Ihr Becken abwechselnd nach rechts und nach links.

Brustkorbhebung

Besonderer Nutzen der Übung

Sie merken, dass auch der Brustkorb durch seine Verbindung mit der Wirbelsäule direkt auf deren Stellung wirkt. Durch das Heben des Brustbeins können Sie die physiologische Haltung fördern. Dies ist auch eine wirksame Kontrolle bei vielen gymnastischen Übungen.

Übungsbeschreibung

1. Legen Sie im Stehen den Mittelfinger einer Hand auf das Brustbein.
2. Schieben Sie mit dem Brustbein den Finger nach vorne und oben weg. Oder stellen Sie sich vor, stolz eine Medaille zu zeigen.
3. Spüren Sie, wie sich der Brustkorb hebt und dabei das Becken nach vorne kippt.

HALSWIRBELSÄULENSTRECKUNG

Besonderer Nutzen der Übung

Eine physiologische Kopfstellung schützt vor Überlastungen des Hals- und Nackenbereichs.

Übungsbeschreibung

1. Schieben Sie im Stehen abwechselnd den Kopf nach vorne und nach hinten.
2. Ziehen Sie das Kinn leicht heran (mit einem Finger sanft dagegen drücken) und machen Sie ein leichtes Doppelkinn. Strecken Sie den Nacken lang oder stellen Sie sich vor, Ihr Kopf sei ein Luftballon. Achten Sie aber darauf, dass Sie nicht zu viel Spannung im vorderen Halsbereich spüren.
3. Schulen Sie mit Hilfe eines Spiegels Ihr Gefühl für diese Kopfstellung in verschiedenen Körperpositionen, z. B. im Vierfüßlerstand, in Rückenlage, in Bauchlage oder im Seitstütz. Wenn Sie in Rückenlage den Kopf und die Schultern leicht heben, spüren Sie deutlich die Spannung in der vorderen Halsmuskulatur.

SCHULTERGÜRTELKONTROLLE

Besonderer Nutzen der Übung

Lockere Schultern in Mittelposition sind nicht nur eine wichtige Voraussetzung für die Armbewegungen, sie entlasten auch die Schulterhebemuskeln und verbessern die Haltung.

Übungsbeschreibung

1. Stehen Sie aufrecht und ziehen Sie die Schultern in Richtung Ohren. Halten Sie die Position einen Moment und lassen Sie die Schultern wieder nach unten sinken.
2. Ziehen Sie die Schultern nach hinten oben und lassen Sie sie wieder locker. Spüren Sie, wie Ihre Schultern locker auf dem Brustkorb aufliegen.

Haltungsschulung mit Merengue und Salsa

Besonderer Nutzen der Übung

Sie schulen beschwingt Ihre Haltung und mobilisieren den Beckenbereich. Führen Sie die einzelnen Haltungsbausteine – also Beckenkippung, Brustkorbhebung, Halswirbelsäulenstreckung und Schultergürtelkontrolle – in verschiedenem Tempo zu flotter lateinamerikanischer Musik durch.
Machen Sie die Beckenbewegungen nach rechts und nach links. Halten Sie dabei Ihre Schultern ruhig. Vielleicht spüren Sie, dass Sie bei den Beckenbewegungen auch die dazugehörigen Knie beugen.
Gehen Sie nun zusätzlich auf der Stelle, indem Sie jeweils den Fuß heben, wenn Sie zur anderen Seite wechseln. Jetzt kennen Sie das Grundprinzip der lateinamerikanischen Tänze Merengue und Salsa.

AUFWÄRMEN
für optimale Vorbereitung

Ein Aufwärmprogramm dient dazu, den gesamten Körper zu aktivieren und auf die Belastung vorzubereiten. Um eine möglichst allgemeine Aktivierung zu erzielen, sollten Sie Übungen auswählen, die möglichst viele Muskeln ansprechen.
Die folgenden Bewegungsformen eignen sich besonders gut für die Ausführung zu Hause: Gehen und Laufen auf der Stelle, Aerobic und Seilspringen (Ropeskipping), aber auch leichtes Training an verschiedenen Heimgeräten wie Fahrradergometer, Stepper, Ruderergometer, Laufband oder Crosstrainer.
Die Dauer des Aufwärmens beträgt 5 bis 8 Minuten. Um eine mittlere bis submaximale Belastungsintensität zu gewährleisten, sollte die Herzfrequenz den ungefähren Wert von 160 bis 180 Schlägen pro Minute minus Lebensalter nicht überschreiten. So müsste z. B. bei einem 40-Jährigen die Frequenz etwa bei 120 bis 140 Schlägen pro Minute liegen.

Aufwärmen praktisch – Low-Impact-Aerobic

Aerobic ist eine aerobe Gymnastik mit Musik. Bei der leichtesten Variante, dem Low-Impact-Aerobic, bleibt ein Fuß immer am Boden, daher kommt dieses Training dem Gehen sehr nahe. Durch zusätzliche koordinative Aufgaben (kombinierte Bein-Arm-Bewegungen, ständiger Wechsel des beginnenden Beines, schnelleres Musiktempo etc.) sind durchaus Pulswerte von bis zu 150 Schlägen pro Minute erreichbar.
Wenn Sie zum Aufwärmen Musik einsetzen möchten, wählen Sie Stücke mit gleichem oder ähnlichem Tempo aus. Auf kommerziellen Aerobic-CDs ist das Tempo in bpm («beats per minute», Schläge pro Minute) bereits angegeben. Sie können das Tempo aber auch selbst herausfinden, indem Sie die Bassschläge eine Minute lang zählen. Üben Sie die Schritte und Bewegungen zuerst ohne Musik. Führen Sie sie dann mit Musik im halben Tempo aus, bevor Sie sich an die schnellere Variante heranwagen. Unsere Tabelle zeigt Ihnen, welche Aerobic-Formen zu Hause gut durchgeführt werden können und für wen sie sich eignen.

	Merkmal	Musiktempo	Geeignet für
Low-Impact-Aerobic	Gehen, ein Fuß immer am Boden	120–140 bpm (Schläge pro Minute)	Alle Menschen (auch Anfänger, Übergewichtige, ältere Personen)
Stepp-Aerobic	Steigen auf eine erhöhte Plattform	118–124 bpm	Alle Menschen (Power-Stepp nur Trainierte)

Führen Sie folgende Schrittbewegungen aus:

- Gehen Sie am Ort (Marschieren).
- Gehen Sie mit geöffneten Beinen (Marschieren geöffnet).
- Gehen Sie im Wechsel geschlossen und geöffnet (Marschieren innen/außen).
- Gehen Sie im Wechsel nach rechts und nach links, d.h., Sie setzen den rechten Fuß nach rechts und stellen den linken Fuß heran und umgekehrt (Anstellschritt).
- Tippen Sie die Füße abwechselnd nach vorne (Tippen).
- Stellen Sie die Beine abwechselnd nach hinten (Anstellschritt zurück).
- Stellen Sie die Beine abwechselnd zur Seite (Anstellschritt seitlich).
- Beugen und strecken Sie in der Grätsche die Beine und verlagern Sie bei der Streckung das Körpergewicht abwechselnd nach rechts und nach links (Wiegeschritt).
- Gehen Sie mit beiden Füßen nacheinander nach vorne und wieder zurück (Basisschritt).
- Gehen Sie nach vorne wie beim Basisschritt, nur diesmal öffnen Sie die Füße beim Vorgehen und schließen sie wieder beim Gehen nach hinten (V-Schritt).

Interessant ist die Kombination von Bein- und Armbewegungen. Hier sind ganz viele Varianten und Bewegungsfolgen möglich:

- Kreisen Sie die Schultern rückwärts.
- Winkeln Sie die Arme an und strecken Sie sie wieder.
- Heben Sie die gestreckten Arme schulterhoch zur Seite an.
- Heben Sie die gestreckten Arme schulterhoch nach vorne an.
- Heben Sie abwechselnd einen Arm nach vorne, den anderen zur Seite an.
- Heben Sie die Arme in die U-Halte.
- Heben Sie die gestreckten Arme nach hinten.
- Strecken und beugen Sie die Arme zur Seite (nach vorne, nach oben).

Aufwärmen praktisch – Stepp-Aerobic

Stepp-Aerobic ist ein variantenreiches Auf- und Absteigen auf und von einer höhenverstellbaren Plattform, dem Stepp. Im Vergleich zum vorherigen Low-Impact-Aerobic werden hier Bein-, Gesäß- und Hüftmuskulatur stärker beansprucht. Indem Sie das Stepp höher oder niedriger einstellen, können Sie die Intensität anpassen. Beachten Sie bitte folgende Hinweise, bevor Sie sich an die Schritte wagen:

- Überprüfen Sie, ob das Stepp fest auf dem Boden steht und die höhenverstellbaren Elemente eingerastet sind.
- Steigen Sie frontal auf das Stepp, niemals rückwärts. Stellen Sie immer den ganzen Fuß auf das Stepp.
- Beim Aufsteigen setzen Sie zuerst sanft mit der Ferse auf, beim Absteigen zuerst mit dem Fußballen.
- Steigen Sie in aufrechter, leicht nach vorne geneigter Haltung auf das Stepp. Das Standbein ist immer leicht gebeugt. Die Arme sind in Spannung.
- Steigen Sie etwa eine Fußlänge vor der Plattform auf und ab.

Von den anschließenden Schrittfolgen haben Sie zwei schon beim Low-Impact-Aerobic kennen gelernt.

BASISSCHRITT

Die Schrittfolge des Basisschritts in Kurzform: rechts auf, links auf, rechts ab, links ab. Führen Sie diesen Schritt auch mit dem linken Bein beginnend aus.

V-Schritt

Die Schrittfolge des V-Schritts in Kurzform: Rechts auf geöffnet, links auf geöffnet, rechts Mitte ab, links Mitte ab. Führen Sie diesen Schritt auch mit dem linken Bein beginnend aus.

Tab-Schritt

Hierfür tippen Sie mit dem rechten Fußballen kurz auf das Stepp und stellen ihn danach wieder auf den Boden. Anschließend tippen Sie mit dem linken Fußballen kurz auf das Stepp. Führen Sie diesen Schritt auch mit dem linken Bein beginnend aus.

A-Schritt

Stehen Sie links vor dem Stepp und führen Sie nun Schritte in Form eines A aus. Steigen Sie mit dem rechten Fuß mittig auf das Stepp, dann mit dem linken Fuß. Anschließend steigen Sie mit dem rechten Fuß nach hinten rechts wieder herunter, danach mit dem linken Fuß.

Schon mit diesen vier einfachen Schritten können Sie sehr abwechslungsreich üben. Nehmen Sie z. B. den Basisschritt und führen Sie ihn zuerst achtmal rechts, dann achtmal links aus. Danach verkürzen Sie die Schrittfolge auf jeweils vier Schritte, dann auf zwei Schritte oder wechseln Sie das anführende Bein nach jedem Schritt. Kombinieren Sie die Beinbewegungen mit unterschiedlichen Armbewegungen (siehe oben unter «Low-Impact-Aerobic»). Wenden Sie dieses Schema nun auf den V-Schritt, den Tab-Schritt und den A-Schritt an. Wenn Sie alle Bewegungsfolgen gut beherrschen, führen Sie die vier Schritte im Wechsel aus.

AUFWÄRMEN PRAKTISCH – ROPESKIPPING

Mit dem Ropeskipping oder Seilspringen haben Sie die Möglichkeit, Ihre Ausdauer und Ihre Koordination kombiniert zu trainieren – und das ohne großen Zeitaufwand und Platzbedarf. Alles, was Sie dazu brauchen, ist ein Springseil. Für den Anfang tut es auch ein Bergsteigerseil (Durchmesser 10–12 mm). Schneiden Sie es sich so zu, dass es für Sie die richtige Länge hat. Wenn Sie auf der Mitte des Seiles stehen, sollten die Griff- oder Seilenden bis zu Ihren Achseln reichen.

Mehr Spaß haben Sie aber mit den neuartigen «Ropes». Diese modernen Trainingsgeräte bestehen aus Kunststoff, sind dünn und leicht, lassen sich schneller drehen als herkömmliche Seile und sorgen durch ihre Griffe für ein angenehmes Sprunggefühl. Wenn Sie langsamere Drehgeschwindigkeiten bevorzugen, sollten Sie es mit einem so genannten Beaded Rope, einem Gliederseil, versuchen.

Die richtige Sprungtechnik: Der Easy Jump

Springen Sie in aufrechter Haltung. Die Schultern bleiben locker, die Oberarme liegen eng am Körper. Winkeln Sie die Unterarme um etwa 90 Grad an und bewegen Sie das Seil locker aus dem Handgelenk. Sie springen mit geschlossenen Füßen hoch und lassen das Seil unter sich durchschwingen, machen also einen Sprung pro Seilumlauf.

Die Fußtechnik in Zeitlupe: Die Füße setzen beim Landen zuerst auf den Fußballen auf, bevor die Fußsohlen den Boden berühren und die Knie automatisch leicht gebeugt werden. Dann strecken Sie Ihre Knie und Sprunggelenke wieder. Der Absprung erfolgt ebenfalls von den Fußballen. Springen Sie gerade so hoch, dass das Seil hindurchpasst. Sie können den Grundschwung mit und ohne Zwischenfedern üben. Probieren Sie den Grundschwung auch rückwärts.

Der Easy Jump einbeinig

Machen Sie einige Sprünge auf dem einen Bein, dann auf dem anderen. Wechseln Sie nun nach jedem Sprung das Bein. Jetzt können Sie versuchen, locker auf der Stelle zu laufen und dabei jedes Mal das Seil unter einem Bein durchzuschwingen.

SPRUNGVARIATIONEN

Spielen Sie nun mit den Sprungbewegungen:

- Tippen Sie beim Springen jeweils mit einer Ferse nach vorne auf den Boden (Heel Touch).
- Drehen Sie beim Springen Beine und Hüfte von rechts nach links (Twist).

- Springen Sie beidbeinig (einbeinig) von rechts nach links (Skihüpfer).
- Springen Sie beidbeinig nach vorne und nach hinten (Glocke).
- Öffnen Sie die Beine nach vorne (Schere).
- Kreuzen und öffnen Sie die Arme im Wechsel vor dem Körper (Kreuzen).

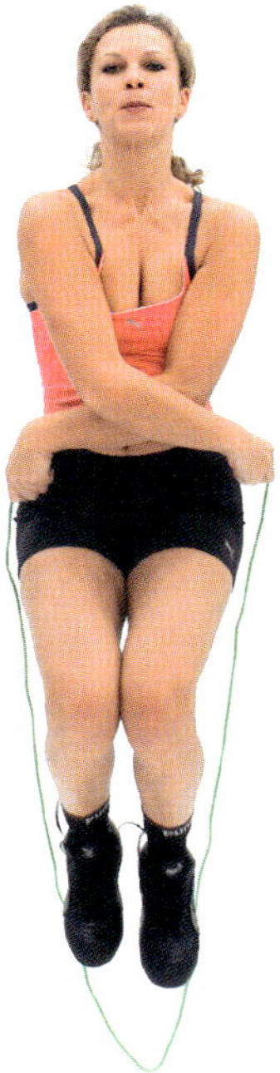

- Schwingen Sie das Seil bei einem Sprung ganz schnell zweimal unter Ihren Füßen hindurch (Zweimal).

Bleiben Sie im Gleichgewicht –

KOORDINATION VERBESSERN

Warum Koordinationsübungen?

Sie möchten neue Bewegungsabläufe schnell erlernen und diese dann auch gezielt und ökonomisch ausführen? Dann brauchen Sie als Grundlage eine gute Koordination. Dies gilt aber auch, wenn Sie in unvorhergesehenen Situationen des Alltags oder beim Sport sicher reagieren wollen, ohne gleich die Balance und die Gelenkstabilität zu verlieren. Verschiedene Arm- und Beinbewegungen miteinander koppeln, sich im Rhythmus bewegen oder einfach nur das Gleichgewicht halten – all das klappt nicht ohne koordinative Fähigkeiten.

Wie können Sie Ihre Koordination verbessern?

Ganz einfach – durch vielfältiges Üben, vor allem neuer und ungewohnter Bewegungen. Wiederholen Sie die nachfolgenden Aufgaben einige Male und verändern Sie dann die Abläufe ein wenig. Die Übungen werden Sie vermutlich kaum anstrengen, trotzdem sollten Sie weder müde noch abgelenkt sein, da jedes Koordinationstraining Ihre volle Konzentration erfordert. Lockern Sie sich zwischendurch. Die meisten Übungen sind am sinnvollsten barfuß auszuführen. Dies fördert die Wahrnehmung im Bereich der Fußsohlen, kräftigt Fuß- und Beinmuskulatur und steigert das Haltungsgefühl. Eine Voraussetzung gilt es dennoch zu erfüllen: Die beanspruchte Körperregion muss entsprechend belastbar sein (besonders relevant, wenn Sie eine frische Verletzung haben).

DAS KOORDINATIONS-PROGRAMM

KOCHLÖFFEL

Besonderer Nutzen der Übung

Mit dieser Grundübung schulen Sie Ihre Körperwahrnehmung und Ihre Haltungsbalance im Stehen. Gleichzeitig spüren Sie deutlich Ihre Haltemuskeln.

Übungsbeschreibung

1. Stehen Sie in aufrechter Haltung barfuß auf einer festen Unterlage.
2. Bewegen Sie Ihren Körper nach vorne und nach hinten.
3. Bewegen Sie Ihren Körper nach rechts und nach links.
4. Lassen Sie Ihren Körper wie einen Kochlöffel kreisen und spüren Sie deutlich die Spannung Ihrer Haltemuskeln.

Bitte beachten

- Ziehen Sie die Zehen nach oben, sodass Sie deutlich die drei Auflagepunkte Ferse, Groß- und Kleinzehenballen spüren.
- Führen Sie die Übung auch mit geschlossenen Augen aus.
- Schauen Sie während der Bewegung auch mal nach oben oder zur Seite.
- Führen Sie diese Übung auch auf einer Matte, einem Handtuch, einem Kreisel o. Ä. aus.

EINBEINSTAND

Besonderer Nutzen der Übung

Sie schulen in einfacher Weise Ihr Gleichgewicht bzw. Ihre statische Balance. Der Einbeinstand über 15 Sekunden ist auch eine klassische Testübung.

Übungsbeschreibung

1. Stehen Sie barfuß auf einer festen Unterlage und heben Sie ein Bein. Versuchen Sie, die Position 15 Sekunden zu halten, und wechseln Sie danach das Bein.
2. Schließen Sie die Augen und versuchen Sie nochmals, für 15 Sekunden auf jeweils einem Bein zu stehen.
3. Drehen Sie im Einbeinstand den Kopf nach rechts und nach links und versuchen Sie, das Gleichgewicht zu halten.
4. Schauen Sie im Einbeinstand nach oben und schließen Sie ggf. Ihre Augen.
5. Drehen Sie im Einbeinstand den Kopf diagonal von rechts unten (Blick auf die Brust) nach links oben (Blick über die Schulter nach oben) bzw. umgekehrt.

Bitte beachten

- Drehen Sie den Kopf langsam.
- Wechseln Sie nach 15 bis 20 Sekunden das Standbein.
- Wechseln Sie vom sicheren Stand auf eine labile Unterlage (Handtuch, Kissen, o. Ä.).

EINBEINSTAND MIT BEINBEWEGUNGEN

Besonderer Nutzen der Übung

Sie schulen in einfacher Weise Ihre dynamische Balance und somit die Fähigkeit, Ihren Rumpf bei Extremitätenbewegungen zu stabilisieren.

Übungsbeschreibung

1. Stehen Sie barfuß auf einer festen Unterlage.
2. Heben Sie ein Bein an und bewegen Sie es nach vorne und nach hinten.
3. Bewegen Sie es in Achterkreisen.
4. Führen Sie ein Bein angewinkelt nach vorne und strecken Sie es anschließend nach unten und hinten.
5. Bewegen Sie die Arme wie beim Laufen diagonal dazu nach vorne und nach hinten.

Bitte beachten

- Bei der Armbewegung bleiben die Beckenkämme trotz des gleichzeitig angehobenen Beines auf gleicher Höhe (vor dem Spiegel üben).
- Wechseln Sie das Standbein nach etwa 15 bis 20 Sekunden.
- Wenn Sie die Übungen auf einer stabilen Unterlage sicher beherrschen, versuchen Sie, sie auch auf einer labilen Unterlage durchzuführen.

DYNAMISCHE STABILISATION MIT ARMBEWEGUNGEN

Besonderer Nutzen der Übung

Sie schulen die dynamische Balance und verbessern die Stabilisierungsfähigkeit der Rumpfmuskulatur.

Übungsbeschreibung

1. Stehen Sie im Einbeinstand (oder Parallelstand) mit leicht gebeugtem Bein.
2. Bewegen Sie die gestreckten Arme neben dem Körper in kleinen Bewegungsausschlägen sehr schnell abwechselnd vor und zurück.

3. Winkeln Sie die Arme an und bewegen Sie die Unterarme schnell nach rechts und nach links.
4. Drücken Sie die Handflächen vor dem Körper gegeneinander und bewegen Sie die Hände in schnellen kleinen Bewegungsausschlägen nach rechts und nach links.

5. Werfen Sie einen Ball hoch und fangen Sie ihn wieder auf oder jonglieren Sie mit Tüchern. Versuchen Sie, die Position dabei zu halten.

Bitte beachten

- Halten Sie während der gesamten Übung den Rumpf durch ausreichende Rumpfspannung stabil.
- Führen Sie die Übung auch auf einer weichen oder labilen Unterlage stehend durch.
- Sie können die Übung auch auf einem Fitnessball sitzend durchführen, und wenn Sie es sich besonders schwer machen wollen, heben Sie dabei ein Bein an.

BEWEGUNGEN KOPPELN

Besonderer Nutzen der Übung

Sie schulen mit dieser Übung die Fähigkeit, unterschiedliche Bewegungen miteinander zu koppeln und im Rhythmus auszuführen.

Übungsbeschreibung

1. Stellen Sie den rechten Fuß nach vorne und zurück, zur Seite und zurück, nach hinten und zurück, wieder zur Seite und zurück. Das Ganze einmal wiederholen.
2. Führen Sie dieselbe Bewegungsfolge mit dem linken Bein durch.
3. Versuchen Sie, die Bewegungen im Rhythmus einer Musik durchzuführen.
4. Im Gehen winkeln Sie die Arme in Schulterhöhe an und strecken sie wieder.
5. Jetzt koppeln Sie die Bein- und Armbewegungen miteinander.

Bitte beachten

- Sie können nun selbst mit den Bewegungen spielen, indem Sie z. B. die Arme wechselseitig anwinkeln oder einen Arm nach oben strecken und den anderen zur Seite. Auch die Beinbewegungen können Sie verändern. Leichter wird die Übung, wenn die Beine z. B. immer nur vor und zurück oder nur zur Seite gestellt werden.

KRAFT TANKEN –
Nicht nur für Gewichtheber

Weshalb Kräftigungsübungen?

Eine kräftige und harmonisch ausgebildete Muskulatur sichert die Gelenke, sorgt für eine ausreichende Körper- und Wirbelsäulenstabilisation, schützt vor Verschleiß und alterstypischen Degenerationserscheinungen und lindert sogar abnutzungsbedingte Beschwerden. Es lohnt sich also, regelmäßig etwas für die Muskeln zu tun. Doch ein Krafttraining dient nicht nur der Gesundheit, sondern auch dem Aussehen, denn es erlaubt die Formung des Körpers durch gezielten Muskelaufbau an den gewünschten Stellen, fördert die Gewebestraffung und hilft damit letztendlich auch beim Abbau von Fettpölsterchen.

Wie intensiv soll das Krafttraining sein?

Damit die Muskulatur leistungsfähig bleibt, ist eine Mindestbelastung notwendig, die im Bereich von 20 bis 30 Prozent der größtmöglichen Kraftentfaltung liegt. Bei ganz untrainierten Personen können diese Intensitäten schon zu nachweisbaren Kraftsteigerungen führen.

Es hat sich auch gezeigt, dass durch ein «sanftes» Krafttraining, bei dem die einzelne Serie (z. B. mit 20 Wiederholungen einer Übung) nicht bis zur völligen Muskelermüdung durchgeführt wird, ein erheblicher Kraftzuwachs, insbesondere im Kraftausdauerbereich, zu erzielen ist. Gerade nach einem anstrengenden Tag würden Sie Ihren Körper mit hochintensiven Trainingsbelastungen weiterem Stress aussetzen. Ein wohl dosiertes Training in mittlerer Intensität ermöglicht Ihnen dagegen eine schnellere Regeneration sowohl im körperlichen als auch im psychisch-mentalen Bereich.

Wie steuern Sie das Krafttraining?

Richten Sie Ihr Augenmerk zuerst auf die Verbesserung der Kraftausdauer und erst später, wenn gewünscht, auf den Muskelaufbau. Die Belastungsintensität legen Sie durch einfaches Ausprobieren fest. Finden Sie eine Übungsausführung oder zusätzliche Belastung durch Gewicht oder Widerstand, bei der Sie im Kraftausdauertraining 15 bis 30 Wiederholungen bzw.

im Muskelaufbautraining 8 bis 15 Wiederholungen schaffen. Die Muskulatur sollte sich danach müde, aber nicht erschöpft anfühlen.

Belastungsdosierung im gesundheitsorientierten Fitness-Krafttraining im Überblick

Trainingsziel	**Verbesserung der Kraftausdauer**	**Aufbau von Muskelmasse**
Intensität	**etwa 30–60% der Maximalkraft**	**etwa 60–80% der Maximalkraft**
Wiederholungszahl pro Serie (Satz) & Dauer bei statischen Übungen	15- bis 20-mal und mehr, Dauer ca. 30–60 Sek.	8- bis 15-mal und mehr, Dauer ca. 20–30 Sek.
(Sätze)	Anfänger: 2–3 Fortgeschrittene: 3–6	Anfänger: 1–2 Fortgeschrittene: 3–6
Pausenlänge	0,5–3 Minuten (nach subjektivem Empfinden)	1–5 Minuten (nach subjektivem Empfinden)
Trainingshäufigkeit	Mindestens 2 x pro Woche	Mindestens 1 x pro Woche
Trainingseffekte	■ Verbesserung der Kraftausdauer ■ Muskelaufbau/Zunahme der Körpermasse (geringer) ■ Körperformung ■ Fettabbau (stärker)	■ Verbesserung der Maximalkraft ■ Verbesserung der Kraftausdauer ■ Muskelaufbau/Zunahme der Körpermasse (stärker) ■ Körperformung ■ Fettabbau (geringer)

Ausführung der Übungen

Bevor Sie anfangen, hier noch ein paar Hinweise zu den Übungen:

- In einem ausgewogenen Ganzkörperprogramm sollten Übungen für alle Körperbereiche vertreten sein, also für Arm-, Schulter-, Rücken-, Bauch-, Hüft- und Beinmuskulatur.
- Lesen Sie sich die Übungsbeschreibungen aufmerksam durch und schauen Sie sich die dazugehörigen Fotos genau an. Achten Sie immer auf eine korrekte Übungsausführung und Körperhaltung. Zur besseren Eigenkontrolle üben Sie zu Beginn idealerweise vor einem Spiegel.
- Um das Muskelgleichgewicht zu gewährleisten, sollten Sie Übungen, die nur für eine Körperseite beschrieben werden, auch zur anderen Seite ausführen.
- Atmen Sie während des Trainings gleichmäßig. Wenn Sie das Gefühl haben, den Atem anzuhalten (Pressatmung), zählen Sie beim Üben leise jede Wiederholung.
- Führen Sie alle Übungen bei gleich bleibender Geschwindigkeit langsam bis zügig durch (im Durchschnitt 2 bis 4 Sekunden pro Bewegungszyklus). Am Ende wechseln Sie direkt und ohne anzuhalten die Bewegungsrichtung. Es sollte Ihnen immer möglich sein, die Bewegung an jeder beliebigen Stelle zu stoppen.
- Nutzen Sie die volle Amplitude der möglichen natürlichen Gelenkbewegung.
- Bei Schmerzen, Kurzatmigkeit, Übelkeit oder starker Ermüdung beenden Sie das Training und konsultieren Sie ggf. Ihren Arzt.
- Ab Seite 141 sind verschiedene Kräftigungsprogramme zusammengestellt. Die dort genannten Wiederholungswerte und Satzzahlen dienen Ihnen zur Orientierung. Zur Optimierung Ihres Krafttrainings beachten Sie bitte die Hinweise auf den vorherigen Seiten.

Das Bodenprogramm

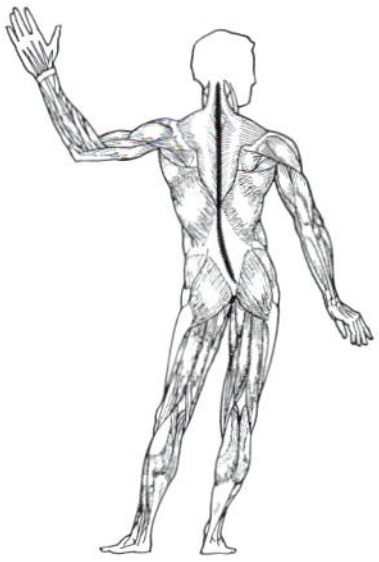

Rumpfheben

Besonderer Nutzen der Übung

Sie trainieren mit dieser Übung Ihre tiefe Rückenstreckmuskulatur.

Übungsbeschreibung

1. Legen Sie in Bauchlage Ihre Stirn auf die Hände.
2. Spannen Sie die Gesäßmuskulatur an (ziehen Sie die Sitzbeinhöcker zusammen) und ziehen Sie leicht den Bauchnabel nach innen.
3. Ziehen Sie die Schulterblätter nach hinten unten und heben Sie den Oberkörper.

Bitte beachten

- Halten Sie den Kopf in Verlängerung der Wirbelsäule, indem Sie auf den Boden schauen.
- In der Ausgangsstellung können Sie die Fersen auch nach hinten schieben.
- In einer etwas schwierigeren Variante heben Sie abwechselnd mehr die rechte und mehr die linke Schulter, oder neigen Sie den Oberkörper zur Seite.

Trainierte Muskulatur

++ Rückenstreckmuskulatur

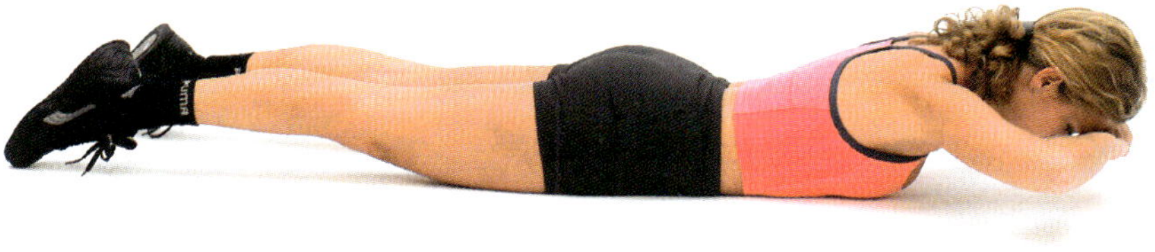

Crunch

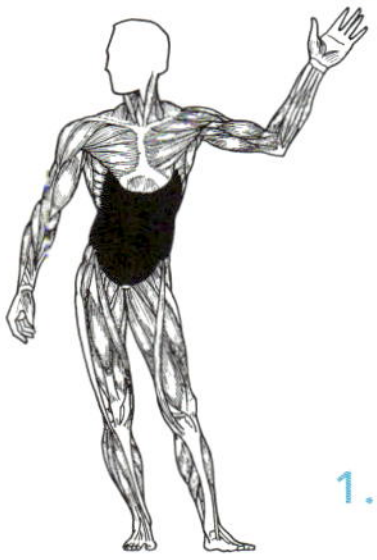

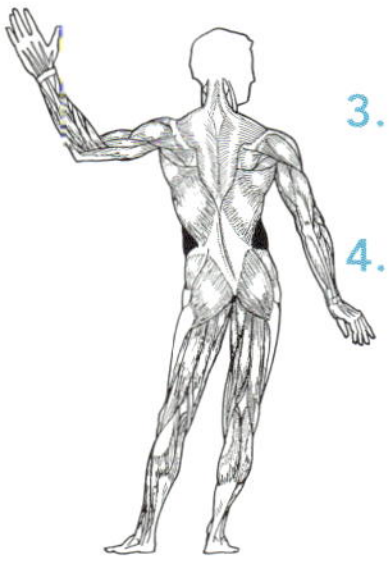

Besonderer Nutzen der Übung

Sie trainieren mit dieser Übung sehr einfach und effektiv Ihre Bauchmuskulatur, die ein wesentlicher Stabilisator des Rumpfes ist.

Übungsbeschreibung

1. Winkeln Sie in Rückenlage die Beine an und legen Sie die Hände unter den Hinterkopf.
2. Ziehen Sie die Zehen heran und drücken Sie die Fersen in den Boden. Ziehen Sie leicht das Kinn heran.
3. Heben Sie kontrolliert Kopf, Arme und Schultern und schieben Sie das Brustbein dabei nach oben.
4. Heben und senken Sie abwechselnd den Oberkörper, ohne dass die Schultern den Boden berühren.

Bitte beachten

- Unterlagern Sie zur Optimierung der Übung die Lendenwirbelsäule mit einem Lendenkissen. Die Lendenwirbelsäule sollte immer Kontakt zum Kissen oder Boden behalten.
- Durch Ausatmen bei der Anspannung entlasten Sie den Beckenbodenbereich.
- Haben Sie bei der Übungsausführung Beschwerden im unteren Rückenbereich, dehnen Sie zuvor die untere Rückenmuskulatur.
- Das Strecken der Arme hinter dem Kopf intensiviert die Übung.
- Auch unterschiedliche Beinpositionen verändern die Übungsqualität (gebeugte Beine fixiert, angewinkelte Beine, gebeugte Beine frei).
- Bei sehr gutem Trainingszustand können Sie die Crunches (bis etwa 30°-Beugung) auch als Situp bis zur Aufrichtung des Oberkörpers durchführen. In diesem Fall stabilisieren Sie die Lendenwirbelsäule vor der Aufrichtung durch «Bauchnabeleinziehen» (Spannung der inneren Bauchmuskulatur).

Trainierte Muskulatur

++ Schräge Bauchmuskulatur

++ Gerade Bauchmuskulatur

BEINE WEGSCHIEBEN – KÄFER

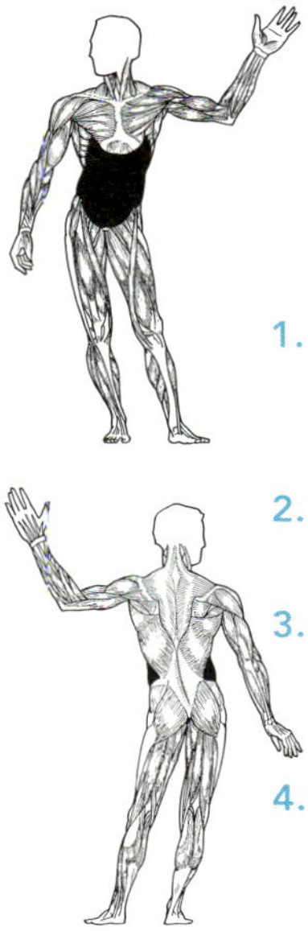

Besonderer Nutzen der Übung

Sie trainieren mit dieser Übung intensiv Ihre Bauchmuskulatur.

Übungsbeschreibung

1. Legen Sie sich in Rückenlage auf den Boden und heben Sie die Beine im 90-Grad-Winkel nach oben. Fixieren Sie die Hände neben Ihrem Gesäß. Ziehen Sie leicht den Bauchnabel ein.
2. Schieben Sie abwechselnd das rechte und das linke Bein nach vorne, ohne dass dabei auch das Becken nach vorne kippt.
3. Intensivieren Sie die Übung durch die Kombination mit Armbewegungen: Berühren Sie mit dem Unterarm oder Ellbogen das diagonal herangezogene Knie.
4. Berühren Sie mit der Hand den Fuß des diagonal herangezogenen Beines. Der andere Arm wird nach hinten gestreckt.

Bitte beachten

- Die Unterschenkel bewegen sich auf einer Ebene nach vorne, nicht «Rad fahren».
- Der Kopf dreht bei den Variationen der Übung nicht mit.
- Achten Sie bei den längeren Hebeln (langes Bein, langer Arm) darauf, dass die Lendenwirbelsäule Kontakt zum Boden oder Lendenkissen behält.
- Mit dieser Übung trainieren Sie bei der geraden Bauchmuskulatur eher den unteren Anteil, während der Crunch/Situp eher die oberen Anteile beansprucht.
- Eine weitere schöne Übung ist das Beinehochschieben auf S. 92, hier dann ohne Thera-Band.

Trainierte Muskulatur

++ Schräge Bauchmuskulatur
++ Gerade Bauchmuskulatur
\+ Hüftbeugemuskulatur

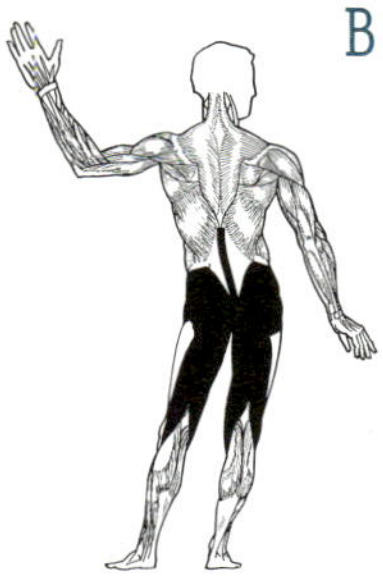

Beckenlift

Besonderer Nutzen der Übung

Diese Übung ist sehr einfach, aber dennoch effektiv. Sie trainieren die Hüftstreckmuskulatur und damit wichtige Muskelgruppen zur Stabilisation des Beckens.

Übungsbeschreibung

1. Stellen Sie in der Rückenlage Ihre Beine an. Drücken Sie mit dem Kopf und den Armen leicht in den Boden und ziehen Sie die Schultern nach hinten unten.
2. Heben Sie nun langsam das Becken, indem Sie beim Steißbein (unten) beginnend langsam «Wirbel für Wirbel» nach oben rollen, bis der Oberkörper mit dem Oberschenkel eine Linie bildet.
3. Senken Sie das Becken wieder langsam nach unten bis knapp über die Unterlage.
4. Heben und senken Sie abwechselnd das Becken.

Bitte beachten

- Stellen Sie die Füße ausreichend weit vom Gesäß entfernt auf.
- Ziehen Sie beim Nachobenrollen bewusst die Sitzbeinhöcker zusammen, um die Beckenbodenmuskulatur anzuspannen.
- Zur Intensivierung können Sie bei allen Übungsvarianten die Zehen hoch- und die Fersen in Gedanken zum Gesäß ziehen.
- Zur Intensivierung heben Sie ein Bein und winkeln es um 90 Grad an. Heben und senken Sie das Becken wieder im Wechsel.

Trainierte Muskulatur

++ Hintere Oberschenkelmuskulatur
++ Gesäßmuskulatur
\+ Rückenstrecker im Lendenwirbelsäulenbereich

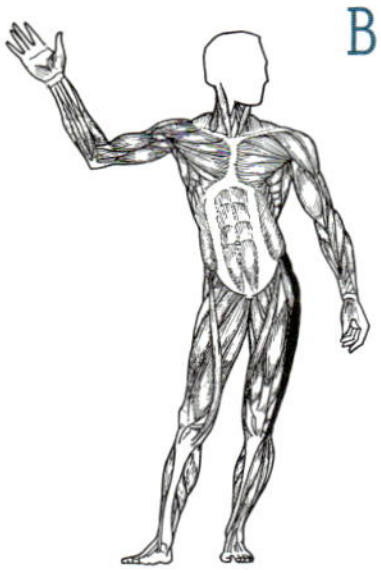

Beinabspreizen – Beinanziehen

Besonderer Nutzen der Übung

Eine kombinierte Übung, die zuerst die Beinabspreizer und danach die Beinanzieher trainiert. Diese Muskeln sind sehr wichtig für die Stabilisation des Beckens beim Stehen, Gehen und Laufen.

Übungsbeschreibung

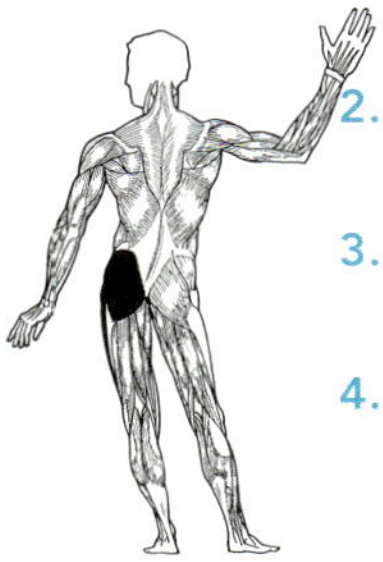

1. Legen Sie sich in Seitlage und winkeln Sie das untere Bein um 90 Grad an. Drehen Sie die Zehen des oberen Beines leicht nach unten.
2. Heben und senken Sie das obere Bein, indem die Ferse die Bewegung anführt.
3. Winkeln Sie das obere Bein um 90 Grad an und berühren Sie mit dem Knie den Boden.
4. Heben und senken Sie das untere Bein.

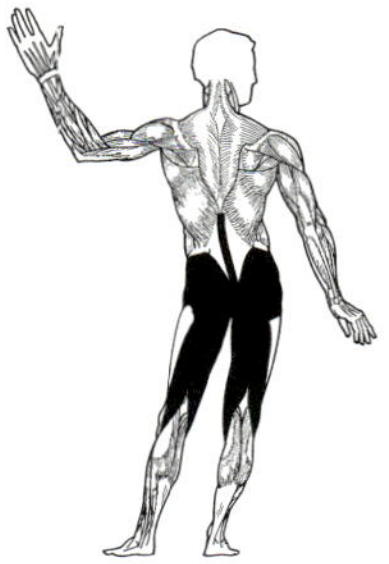

Bitte beachten

- Das obere Bein bildet eine Verlängerung des Oberkörpers.
- Achten Sie darauf, dass die obere Hüfte während der Übung vorne bleibt.
- Diese Grundübung können Sie durch zahlreiche Variationen beliebig verändern. Heben Sie z. B. das obere Bein nach vorne und senken es wieder. Oder ziehen Sie das Knie nach unten Richtung Boden und strecken Sie das Bein wieder.
- Die zweite Übung für die Adduktoren (Beinanzieher) können Sie z. B. variieren, indem Sie zuerst das Bein mit den Zehen voraus heben, danach mit der Ferse voraus.
- Führen Sie in der Endposition kleine Bewegungen (geringe Amplituden) durch.

Trainierte Muskulatur

++ Abduktoren (Gesäßmuskulatur, Oberschenkelaußenseite)
++ Adduktoren (Oberschenkelinnenseite)

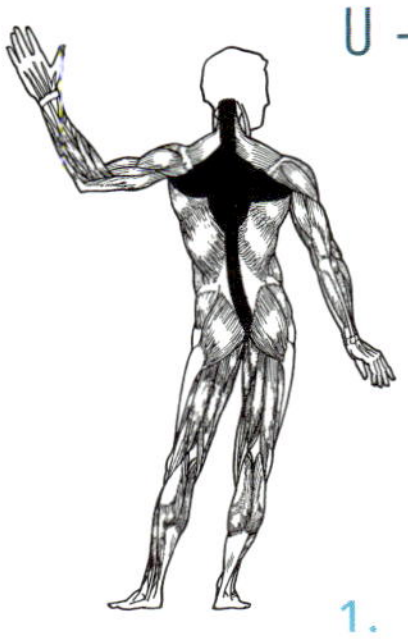

U-HALTE – Y-ÜBUNG

Besonderer Nutzen der Übung

Sie trainieren hierbei vor allem die oberflächliche Rückenmuskulatur. Damit verbessern Sie Ihre Schultergürtelstellung und gleichzeitig Ihre Körperhaltung.

Übungsbeschreibung

1. Legen Sie sich in Bauchlage auf den Boden und nehmen Sie die Arme in die U-Halte. Die Stirn bleibt am Boden.
2. Spannen Sie leicht die Gesäß- und die Bauchmuskulatur an.
3. Führen Sie die angewinkelten Arme abwechselnd seitlich nach oben, sodass sich die Schulterblätter annähern.
4. In einer statischen Übungsvariation führen Sie in der U-Halte die Schulterblätter nach unten zusammen. Halten Sie die Ellbogen knapp über dem Boden und heben Sie die Hände so weit wie möglich nach oben. Wenn Sie wollen, heben Sie die angewinkelten Beine einen Zentimeter an.

Bitte beachten

- Halten Sie den Kopf in Verlängerung der Wirbelsäule (Blick nach vorne unten). Sie können den Kopf auch leicht vom Boden abheben.
- Sollten Sie zu viel Druck im Bereich der Lendenwirbelsäule spüren, unterlagern Sie den Bauch mit einem Handtuch oder spannen Sie Ihr Gesäß an.

Trainierte Muskulatur

++ Oberflächliche Rückenmuskulatur (Rautenmuskel, Kapuzenmuskel)

++ Rückenstreckmuskulatur

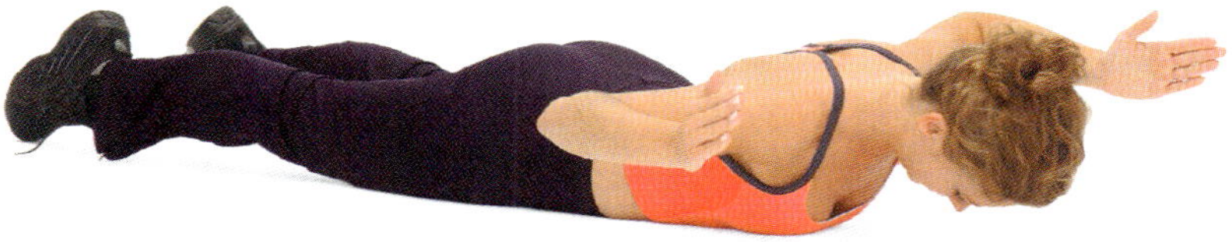

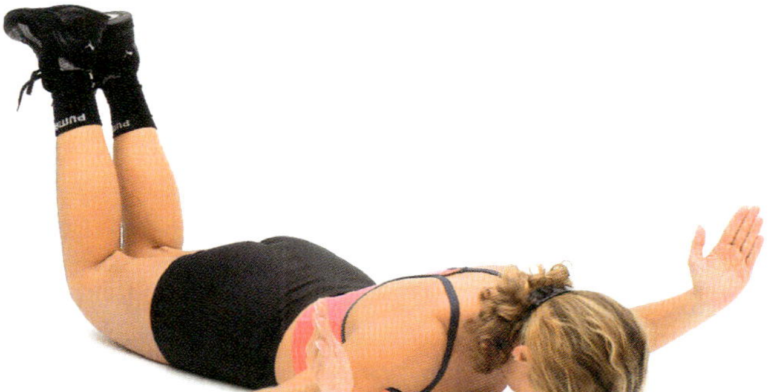

GESUNDHEITSLIEGESTÜTZ

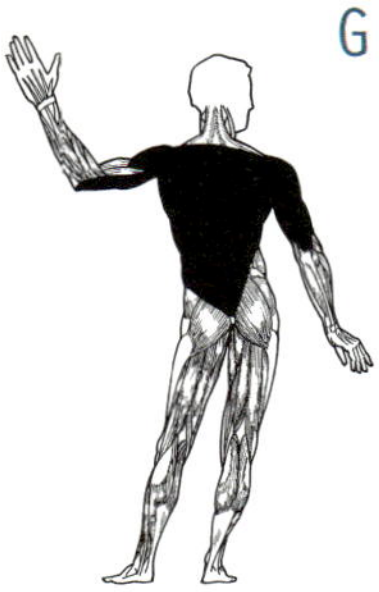

Besonderer Nutzen der Übung

Mit dieser wichtigen Übung trainieren Sie sehr effektiv und komplex die Muskulatur des Oberkörpers.

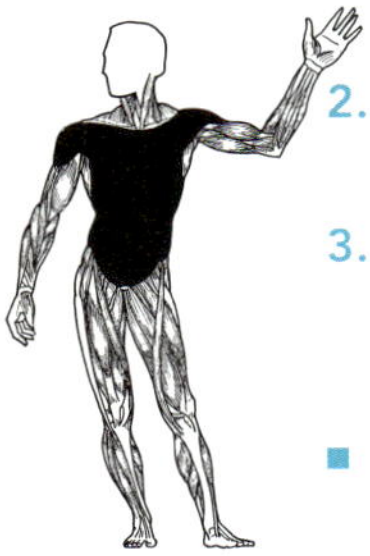

Übungsbeschreibung

1. Begeben Sie sich in den Vierfüßlerstand und überkreuzen Sie die Fußgelenke. Strecken Sie Ihren Körper.
2. Drücken Sie leicht die Füße gegeneinander. Spannen Sie die Bauchmuskulatur an (Rumpf stabilisieren).
3. Beugen und strecken Sie im Wechsel langsam Ihre Arme.

Bitte beachten

- Achten Sie darauf, dass Sie während der Bewegung Ihren Körper durch eine entsprechende Körperspannung stabil halten. Der Rumpf und der Kopf bilden eine Linie.
- Indem Sie die Füße gegeneinander drücken, aktivieren Sie die Hüftabduktoren, was wiederum eine Stabilisation des Beckens und der unteren Wirbelsäule bewirkt.
- Die gestreckte Übungsausführung ist deutlich intensiver als die angewinkelte Version. Sollte Ihnen die erste Übung aber noch zu schwer sein, beugen und strecken Sie die Arme aus dem Vierfüßlerstand heraus.

Trainierte Muskulatur

++ Brustmuskulatur
++ Hintere Oberarmmuskulatur (Trizeps)
++ Deltamuskel

KNIEBEUGE

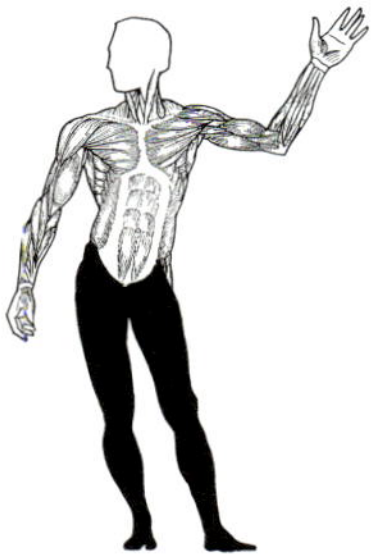

Besonderer Nutzen der Übung

Mit dieser klassischen Übung trainieren Sie die beiden größten Muskelgruppen der unteren Extremitäten, die Oberschenkelmuskulatur und die Gesäßmuskulatur. Die Übung wirkt sich sehr positiv auf Alltagsbewegungen aus, wie z. B. das Bücken oder das Aufheben von Gegenständen.

Übungsbeschreibung

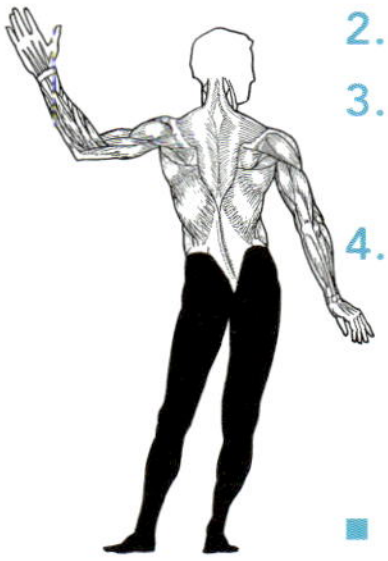

1. Stehen Sie im Parallelstand (Füße mindestens hüftbreit auseinander).
2. Halten Sie den Oberkörper in normaler physiologischer Position.
3. Beugen Sie die Beine, schieben Sie das Gesäß nach hinten und neigen Sie gleichzeitig den Oberkörper nach vorne (Bücken).
4. Bewegen Sie das Brustbein nach vorne oben und strecken Sie gleichmäßig Hüft-, Knie- und Sprunggelenk.

Bitte beachten

- Beugen Sie die Beine maximal um etwa 90 Grad. Tiefere Kniebeugen aktivieren zwar die Muskulatur stärker, sind aber ausschließlich für trainierte Personen empfehlenswert. Führen Sie die Knie nicht über die Zehenspitzen hinaus.
- Achten Sie auf eine stabile Oberkörperhaltung (gerader Rücken), blicken Sie geradeaus.
- Machen Sie in der Endposition kleine Bewegungen.
- Sie können zusätzlich zur Bückbewegung die Arme (gestreckt) nach vorne oben führen, beim Strecken der Beine die Arme wieder absinken lassen.
- Variieren Sie die Übung durch die sehr effektive Einbeinkniebeuge. Aus der Schrittstellung senken Sie das Gesäß nach unten, bis das hintere Knie fast den Boden berührt. Danach strecken Sie sich wieder. Wenn Sie direkt aus dem Stand nach vorne in den Ausfallschritt gehen, wird die Übung nicht nur dynamischer, sondern aufgrund der bremsenden Bewegung noch intensiver.

Trainierte Muskulatur

++ Oberschenkelvorderseite (vierköpfiger Oberschenkelmuskel)
++ Gesäßmuskulatur
++ Oberschenkelrückseite

SEITSTÜTZ

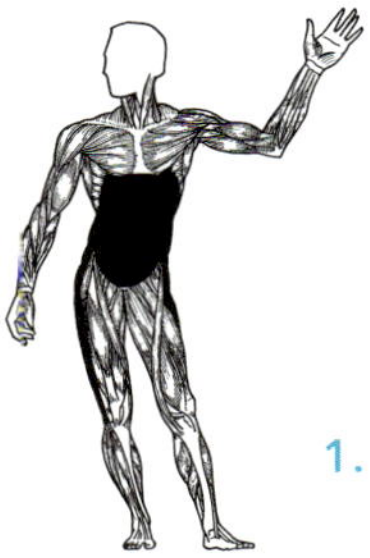

Besonderer Nutzen der Übung

Sie trainieren mit dieser effektiven Ganzkörperkräftigungsübung besonders den seitlichen Rumpf- und Hüftbereich und damit auch Ihre Taille.

Übungsbeschreibung

1. Legen Sie sich auf die Seite. Winkeln Sie Ihre Beine an. Rumpf und Oberschenkel bilden eine Linie. Stützen Sie sich auf dem Unterarm ab. Der Ellbogen befindet sich unter dem Schultergelenk.
2. Heben Sie im Seitstütz das Becken an, sodass der Körper vom Kopf bis zu den Knien eine Linie bildet.
3. Heben Sie ggf. zusätzlich das obere Bein an.
4. Wenn Sie die Übung dynamisch ausführen wollen, heben und senken Sie das Becken im Wechsel.

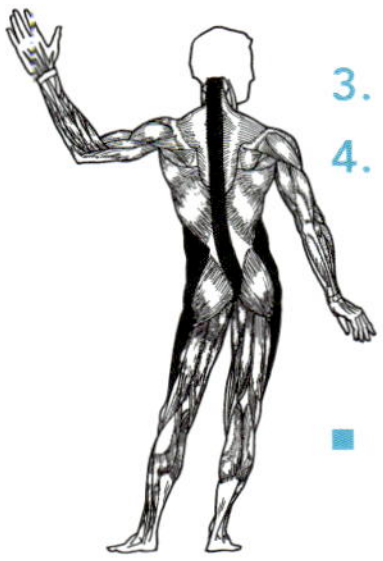

Bitte beachten

- Achten Sie darauf, dass Sie das Becken und den Schultergürtel in einer Ebene halten.
- Der stützende Ellbogen befindet sich unter dem Schultergelenk. Stützen Sie sich aktiv aus dem Schultergelenk heraus ab.
- Intensiver wird die Übung durch das Strecken der Beine. Ziehen Sie hier die Zehen zur Stabilisierung der Kniegelenke heran. Wenn Sie noch mehr tun wollen: Heben Sie das obere Bein und den oberen Arm an.

Trainierte Muskulatur

++ Schräge Bauchmuskulatur

++ Abduktoren

UNTERARMSTÜTZ

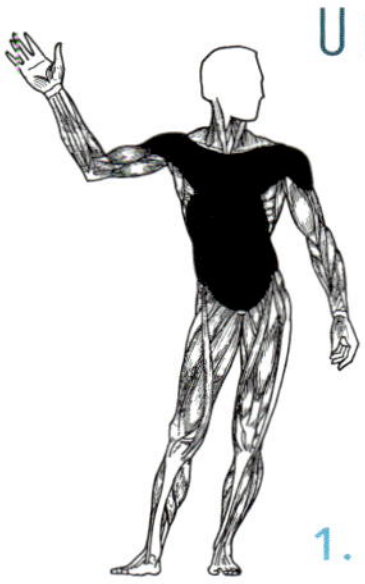

Besonderer Nutzen der Übung

Mit dieser Ganzkörperübung trainieren Sie sehr effektiv den vorderen Rumpfbereich.

Übungsbeschreibung

1. Stützen Sie sich im Vierfüßlerstand auf den Unterarmen und den Knien ab, die Zehen sind aufgestellt, die Knie stehen etwa zehn Zentimeter hinter den Hüftgelenken. Ziehen Sie leicht die Schultern zurück.
2. Halten Sie das Brustbein und spannen Sie Ihre Bauchmuskulatur an, indem Sie gedanklich den Bauchnabel nach innen ziehen und die Sitzbeinhöcker zusammendrücken.
3. Heben Sie die Knie einen Zentimeter vom Boden ab.
4. Intensivieren Sie die Übung, indem Sie den Abstand zwischen den Unterarmen und den Knien vergrößern. Voraussetzung ist in jedem Fall eine ausreichende Bauchspannung und Rumpfstabilisation.

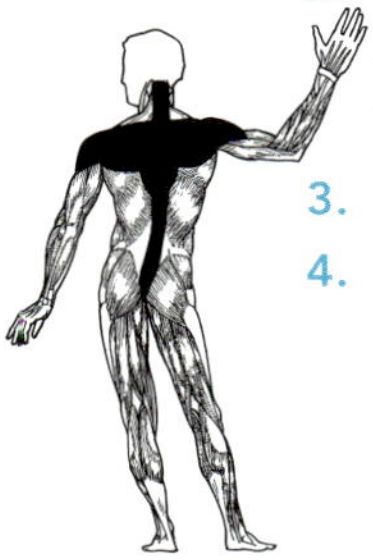

Bitte beachten

- Bei dieser Übung muss der gesamte Körper stabilisiert werden. Dadurch wird eine Erhöhung der muskulären Tonuslage erreicht.
- Die Ellbogen befinden sich unter dem Schultergelenk.
- Achten Sie darauf, den Kopf in Verlängerung der Wirbelsäule zu halten.
- Die gleiche Übung können Sie auch im regulären Vierfüßlerstand (abgestützt auf Händen und Knien) durchführen. Beugen Sie dabei leicht die Arme.

Trainierte Muskulatur

++ Bauchmuskulatur

\+ Rückenmuskulatur

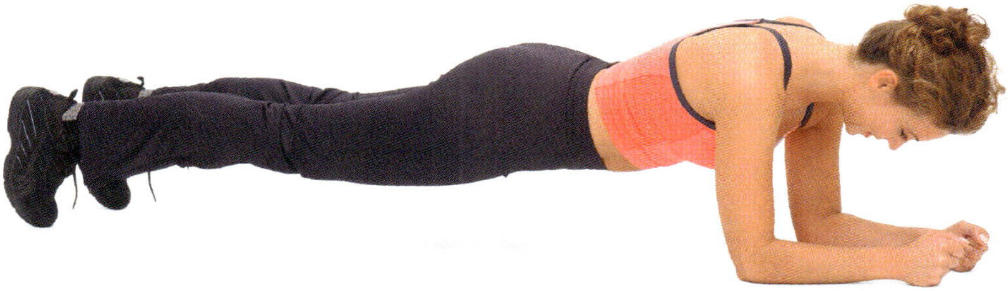

DAS STUHLPROGRAMM

Normalerweise denkt man bei einem gewöhnlichen Stuhl nicht unbedingt an ein Sportgerät. Trotzdem möchten wir Ihnen hier einige Stuhlübungen vorstellen. Schließlich findet sich ein Stuhl in jedem Haushalt. Außerdem bringt er Abwechslung in Ihr Training, denn viele Übungen, die Ihnen aus den anderen Programmen dieses Buches bekannt sind, können Sie auch auf dem Stuhl ausführen und damit leicht variieren.
Noch ein wichtiger Hinweis: Bitte überprüfen Sie vor dem Start, ob der Stuhl stabil genug ist und ausreichend sicher steht.

Kopfdrücken

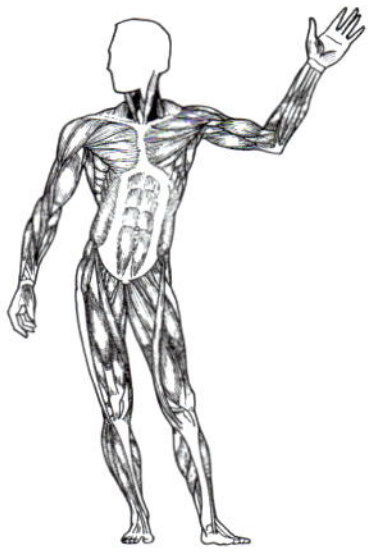

Besonderer Nutzen der Übung

Mit dieser Übung trainieren Sie die seitliche und die vordere Halsmuskulatur, also wichtige Muskeln zur Stabilisation Ihrer Halswirbelsäule.

Übungsbeschreibung

1. Setzen Sie sich aufrecht hin und ziehen Sie leicht das Kinn heran. Legen Sie eine Hand an die Stirn.
2. Drücken Sie mit der Stirn gegen die Hand nach vorne und unten, ohne dass eine Bewegung entsteht. Sie spüren die Spannung an der Vorderseite des Halses. Außerdem merken Sie, wie sich das Kinn ein wenig nach unten bewegt (Doppelkinn).
3. Legen Sie die Hand an die rechte Stirnseite. Drücken Sie die Hand gegen die rechte Stirnseite, ohne dass eine Bewegung entsteht. Sie spüren die Spannung an der rechten Halsseite. Wechseln Sie zur linken Seite.
4. Legen Sie eine Hand von hinten an den Kopf, die andere Hand an die Seite. Versuchen Sie, mit den Händen den Kopf zu drehen, ohne dass eine Bewegung entsteht.

Bitte beachten

- Achten Sie auf eine gleichmäßige Atmung.
- Treten Schwindelgefühle oder Übelkeit auf, sollten Sie die Übung abbrechen und Ihren Arzt konsultieren.
- Achten Sie darauf, dass Sie den Kopf in Verlängerung der Wirbelsäule halten.
- Diese statische Übungsausführung lässt sich gut kontrollieren.

Trainierte Muskulatur

++ Hals- und Nackenmuskulatur

RADFAHREN

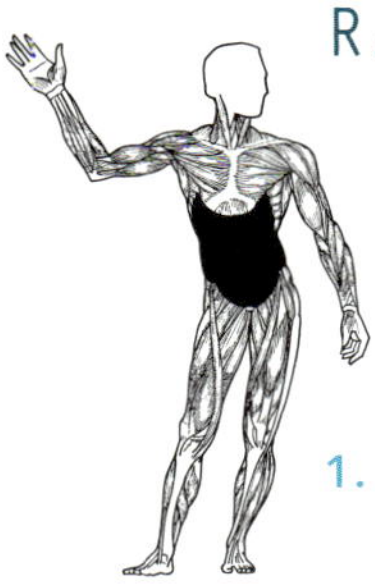

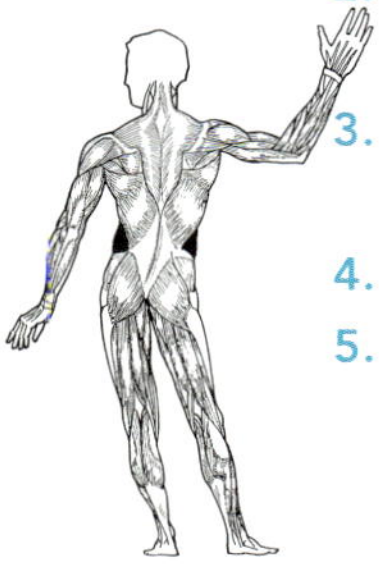

Besonderer Nutzen der Übung

Mit dieser Übung trainieren Sie Ihre Bauchmuskulatur.

Übungsbeschreibung

1. Setzen Sie sich auf den Stuhl. Neigen Sie den aufrechten Oberkörper etwas nach hinten und halten Sie sich an der Sitzfläche fest.
2. Heben Sie die Füße vom Boden ab und versuchen Sie, das Gleichgewicht zu halten.
3. Beugen und strecken Sie nun nacheinander die Beine, stellen Sie sich vor, Sie würden Rad fahren.
4. Führen Sie beide Unterschenkel abwechselnd nach rechts und nach links.
5. Drücken Sie die rechte Hand diagonal gegen das linke angehobene Knie und umgekehrt.

Bitte beachten

- Achten Sie auf eine gleichmäßige Atmung.
- Die Bauchmuskulatur hat bei diesen Übungen eine stabilisierende Funktion für das Becken. Achten Sie darauf, dass Sie das Becken in leicht nach hinten gekippter Stellung fixiert halten. Kippt es während des Übens zu sehr nach vorne oder nach hinten ab, machen Sie eine kurze Pause.
- Bei Rückenbeschwerden wählen Sie die statische, diagonale Variante oder eine andere Übung mit stabilisierter Wirbelsäule.

Trainierte Muskulatur

++ Bauchmuskulatur

\+ Hüftbeugemuskulatur

DIE CALLANETICS-ÜBUNG

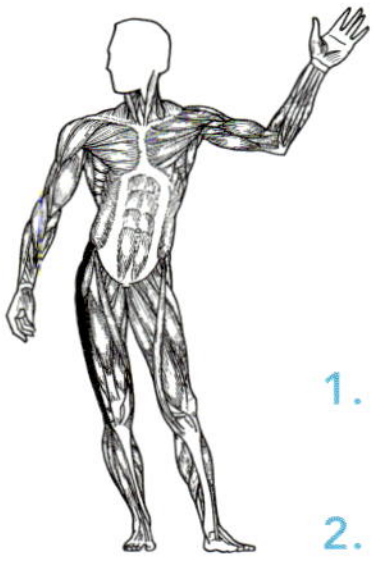

Besonderer Nutzen der Übung

Sie trainieren mit dieser Übung die Abspreizmuskulatur des Beines.

Übungsbeschreibung

1. Setzen Sie sich seitlich auf den Stuhl und stützen Sie den Oberkörper an der Stuhllehne ab.
2. Winkeln Sie ein Bein an und strecken Sie die Hüfte.
3. Heben und senken Sie das Bein im Wechsel seitlich nach oben und nach unten.

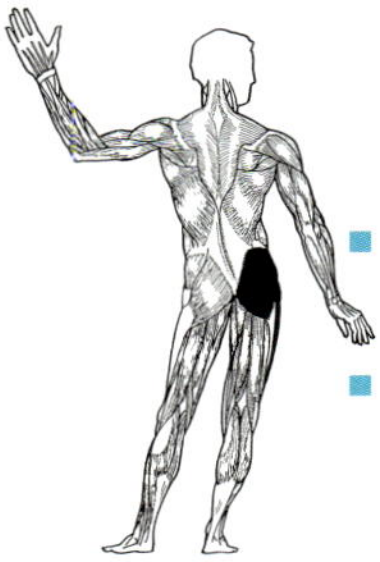

Bitte beachten

- Je stärker Sie die Hüfte bei der ersten Übung strecken, desto intensiver wird die Übung.
- In einer Übungsvariante sitzen Sie während der Ausführung auf dem Boden und stützen sich am Stuhl ab.

Trainierte Muskulatur

++ Abduktoren (Gesäßmuskulatur, Beinaußenseite)

LAT-ZIEHEN IM SITZEN

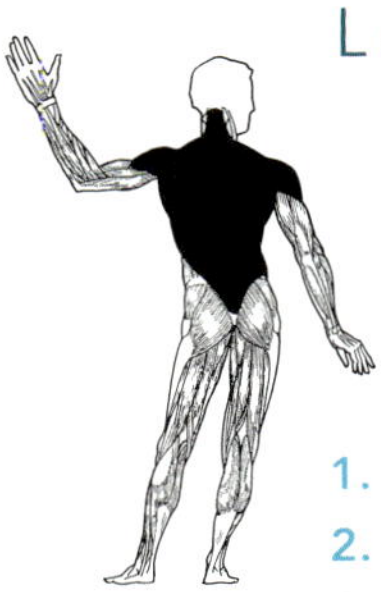

Besonderer Nutzen der Übung

Sie kräftigen in einer statischen Übung den breiten Rückenmuskel.

Übungsbeschreibung

1. Setzen Sie sich verkehrt herum auf den Stuhl.
2. Umfassen Sie mit beiden Händen die Außenseiten der Stuhllehne.
3. Spannen Sie die Rumpfmuskulatur an.
4. Ziehen Sie die Stuhllehne «zu sich heran».

Bitte beachten

- Für die Übung ist es günstig, wenn Sie den Rumpf möglichst gut fixieren können.
- In einer Alternativübung beugen Sie sich über die Oberschenkel nach vorne und umfassen die Knie. Bauen Sie mit den Händen eine maximale Zugspannung nach hinten auf.

Trainierte Muskulatur

++ Breiter Rückenmuskel
++ Kapuzenmuskel
\+ Oberarmrückseite (Trizeps)
\+ Brustmuskulatur
\+ Deltamuskel

DIP

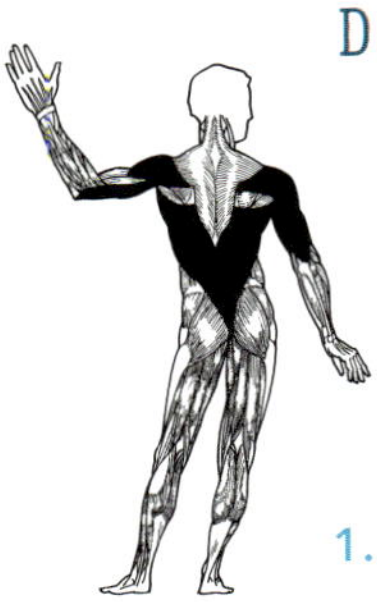

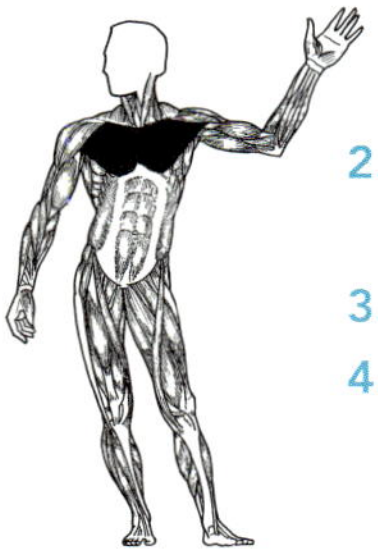

Besonderer Nutzen der Übung

Sie kräftigen in komplexer Weise Ihre Brust-, Arm- und Schultermuskulatur.

Übungsbeschreibung

1. Sie brauchen zwei Stühle, die Sie im Abstand von etwa 60 Zentimetern aufstellen. Stützen Sie sich mit gebeugten Armen auf die beiden (einander zugewandten) Stuhllehnen. Ihre Beine sind im Stand ebenfalls gebeugt und helfen bei der Balance.
2. Ziehen Sie die Schulterblätter nach hinten unten und spannen Sie die Bauchmuskulatur an.
3. Beugen und strecken Sie die Arme.
4. Eine zusätzliche Kräftigung der Schultergürtelmuskulatur erreichen Sie, indem Sie den Körper zwischen den gestreckten Armen heben und senken.

Bitte beachten

- Achten Sie darauf, dass Sie den Schulterbereich in der Grundübung stabilisieren.
- Halten Sie die Rumpfspannung und schieben Sie Ihr Brustbein nach vorne.
- Je weniger Gewicht Sie über die Beine abnehmen, desto intensiver gestalten Sie die Übung. Die Füße können, wenn nötig, die Aufwärtsbewegung unterstützen.
- Die Übung ist auch mit nur einem Stuhl möglich. Hierbei lassen Sie das Gesäß dicht an der Sitzfläche entlang nach unten rutschen.

Trainierte Muskulatur

+– Oberarmrückseite (Trizeps)
++ Brustmuskulatur
++ Trapezmuskel
+ Breiter Rückenmuskel
+ Deltamuskel

EINBEINIGE KNIEBEUGE

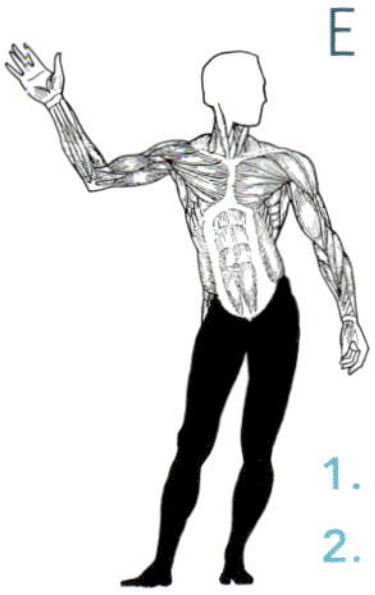

Besonderer Nutzen der Übung

Sie kräftigen mit dieser Übung Ihre vordere Oberschenkelmuskulatur.

Übungsbeschreibung

1. Stellen Sie sich frontal zur Stuhllehne und halten Sie sich daran fest.
2. Beugen Sie ein Bein, indem Sie das Gesäß nach hinten unten schieben.
3. Strecken Sie das Bein wieder.

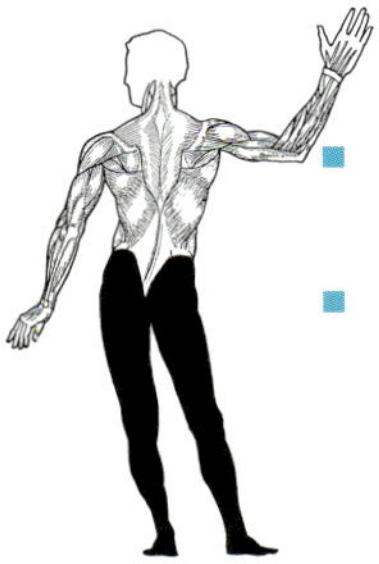

Bitte beachten

- Knie und Fuß befinden sich in einer Bewegungsebene, das Knie knickt also weder nach innen noch nach außen.
- Je stärker die Kniebeugung, desto schwieriger wird die Übung. Versuchen Sie es zuerst mit einer Kniebeugung von maximal 90 Grad, bevor Sie sich eventuell an einen kleineren Winkel heranwagen.

Trainierte Muskulatur

++ Vierköpfiger Oberschenkelmuskel

++ Gerader Schenkelmuskel

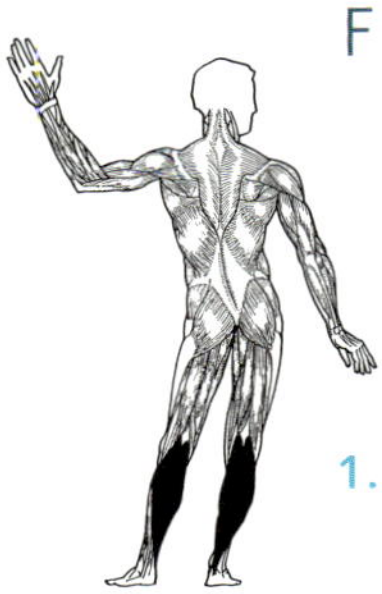

FERSENHEBEN

Besonderer Nutzen der Übung

Sie kräftigen mit dieser Übung Ihre Wadenmuskulatur.

Übungsbeschreibung

1. Stellen Sie sich auf eine Erhöhung (Brett, Stepp o. Ä.). Die Füße sind schulterbreit auseinander, Sie stehen auf den Fußballen. Halten Sie sich an der Stuhllehne fest.
2. Strecken Sie die Beine.
3. Heben Sie die Fersen so weit wie möglich nach oben und senken Sie sie wieder kontrolliert nach unten ab.

Bitte beachten

- Die Fußspitzen zeigen nach vorne.
- Personen mit Außenbandschwäche drehen die Zehen etwas nach außen.
- Führen Sie zur Intensitätssteigerung kleine Bewegungsamplituden in der Endposition aus.
- Sollten Sie keine Plattform (Brett, Stepp o. Ä.) zur Verfügung haben, können Sie auch auf einer Treppenstufe oder direkt auf dem Boden üben.

Trainierte Muskulatur

++ Zwillingswadenmuskel

++ Schollenmuskel

DAS THERA-BAND-PROGRAMM

Das Thera-Band ist ein elastisches Trainingsband aus Naturlatex und damit klein, leicht, kostengünstig und sehr vielfältig einsetzbar. Sie können damit Einzelmuskeln trainieren, aber auch ganze Muskelgruppen. Das Wirkprinzip des Thera-Bandes besteht in dem Widerstand, der nach einer kurzen Anfangsdehnung gleichmäßig zunimmt. Dies sorgt für eine konstante muskuläre Gelenksicherung und fördert die Bewegungskontrolle.
Erfahrungsgemäß trainieren Frauen am besten mit dem roten oder dem grünen Thera-Band und Männer mit dem grünen oder dem blauen. Die Farben stehen für die unterschiedlichen Widerstandsverläufe – für jeden Leistungsstand und jedes Alter gibt es also das richtige Band. Wir empfehlen Ihnen eine Bandlänge von 250 Zentimetern. Zusammen mit dem Zubehör bietet das «kleinste Fitnesscenter der Welt» eine Fülle von Übungsmöglichkeiten. Einen Ausschnit davon möchten wir Ihnen im folgenden Programm vorstellen.
Je nach Übung fixieren Sie das Band mit den Händen und/oder den Füßen. Wickeln Sie es sich so um die Handflächen, dass es allein durch die Zugspannung hält. Auf diese Weise können Sie die im Alltag wenig beanspruchte Hand- und Fingerstreckmuskulatur gleich mittrainieren. Falls Sie das Latex-Material nicht direkt anfassen möchten, z. B. aufgrund einer Allergie, helfen Ihnen die als Zubehör erhältlichen Griffe.
Noch ein ganz wichtiger Punkt: In der Ausgangsstellung sollte das Band immer leicht vorgedehnt sein. Führen Sie die Übungen in gleichmäßigem Bewegungstempo durch. Lassen Sie das Thera-Band also nicht einfach zurückschnalzen.

Kopfdrehen

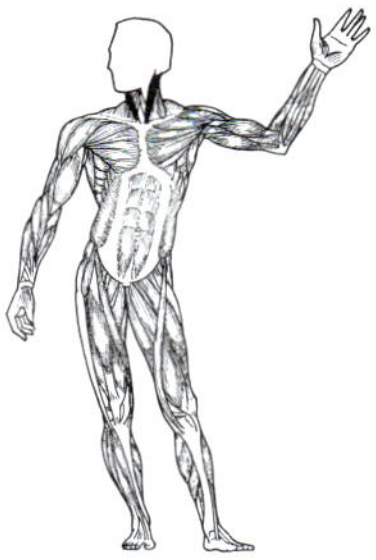

Besonderer Nutzen der Übung

Die hohe Beweglichkeit der Halswirbelsäule erfordert eine ausreichende Stabilisationsfähigkeit. Die Tatsache, dass im Bereich der Hals- und Nackenmuskulatur häufig Störungen (Verspannungen, Schmerzen) auftreten, zeigt, wie wichtig diese Übung ist.

Übungsbeschreibung

1. Wickeln Sie sich das Thera-Band um den Kopf. Halten Sie die Enden des Bandes auf Stirnhöhe fest.
2. Verstärken Sie den Zug mit der linken Hand, schauen Sie mit den Augen nach rechts und drehen Sie gleichzeitig den Kopf etwas zur rechten Seite.
3. Führen Sie die Bewegung mehrmals in der einen Richtung aus, bevor Sie zur anderen Seite wechseln.

Bitte beachten

- Treten Schwindelgefühle oder Übelkeit auf, sollten Sie die Übung abbrechen und Ihren Arzt konsultieren.
- Ist Ihnen der direkte Kontakt mit dem Thera-Band unangenehm, legen Sie ein Taschentuch dazwischen.
- Achten Sie darauf, dass Sie den Kopf in Verlängerung der Wirbelsäule halten und die Lendenwirbelsäule ausreichend stabilisieren.
- In einer Variation umwickeln Sie den Kopf und halten die Bandenden mit einer Hand auf einer Seite. Neigen Sie den Kopf vorsichtig gegen den Widerstand zur Seite.

Trainierte Muskulatur

++ Hals- und Nackenmuskulatur

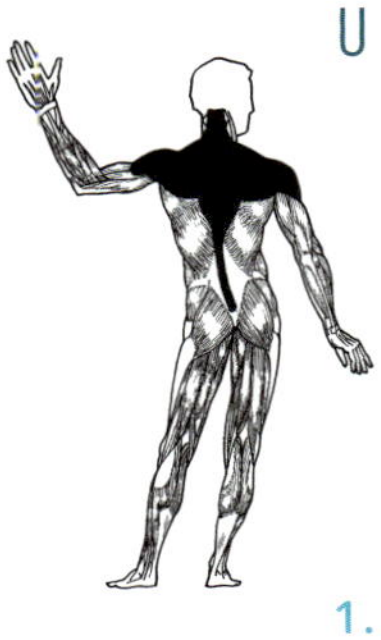

U-HALTE

Besonderer Nutzen der Übung

Diese Übung eignet sich vor allem zur Aufrichtung und Stabilisierung der Brustwirbelsäule. Außerdem wird über die außenrotatorisch wirkenden Muskeln der Schulter das Schultergelenk stabilisiert.

Übungsbeschreibung

1. Stehen Sie in Schrittstellung. Der aufgerichtete Oberkörper ist leicht nach vorne gebeugt. Die Wirbelsäule ist stabilisiert. Fixieren Sie das Thera-Band mit dem vorderen Fuß.
2. Führen Sie die gebeugten Arme nach oben in die U-Halte. Die Ellbogen sollen die Körperlinie nicht verlassen.

Bitte beachten

- Halten Sie den Kopf in Verlängerung der Wirbelsäule.
- Achten Sie darauf, dass Sie die Schultern nicht hochziehen.
- In einer komplexeren Übungsvariante stehen Sie mit beiden Beinen auf dem Thera-Band und kreuzen es über den Oberschenkeln. Halten Sie die Oberschenkel außen und ziehen Sie das Band nach oben in die U-Halte.

Trainierte Muskulatur

++ Schultergürtelmuskulatur (Kapuzenmuskel, Sägemuskel, Rautenmuskel)

++ Schultergelenksmuskulatur (Deltamuskel, Ober- und Untergrätenmuskel)

Bizepscurl mit Band

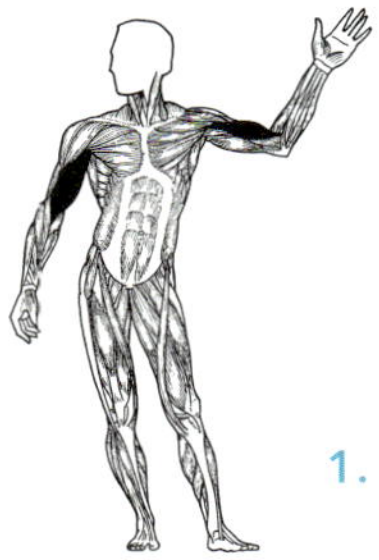

Besonderer Nutzen der Übung

Mit dieser Übung trainieren Sie isoliert Ihre Muskeln der Oberarmvorderseite und erreichen damit straffe Oberarme.

Übungsbeschreibung

1. Stehen Sie mit leicht gebeugtem Bein auf dem Thera-Band und greifen Sie die Enden mit den Fäusten. Fixieren Sie die Ellbogen am Oberkörper.
2. Beugen und strecken Sie im Wechsel die Unterarme im Ellbogengelenk.

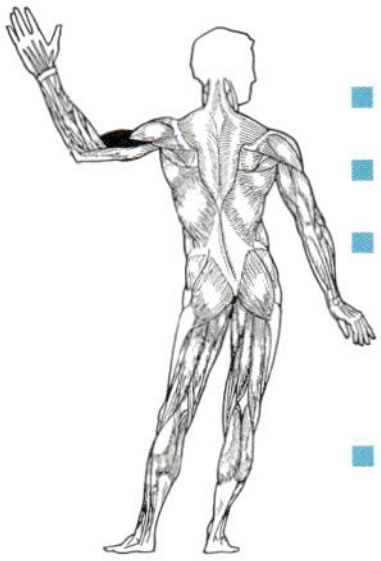

Bitte beachten

- Achten Sie stets auf eine korrekte und stabile Oberkörperhaltung.
- Fixieren Sie die Oberarme fest am Oberkörper.
- Eine leichtere bzw. schwerere Ausführung erhalten Sie durch eine geringere bzw. höhere Vorspannung des Thera-Bandes.
- Sie können die Übung auch nur mit einem Arm durchführen.
- Beugen Sie die Arme, bis die Fäuste fast die Schultern berühren, und strecken Sie die Arme danach wieder.

Trainierte Muskulatur

++ Oberarmvorderseite (Zweiköpfiger Oberarmmuskel, Oberarmspeichenmuskel, Armbeuger)

Kickback nach oben

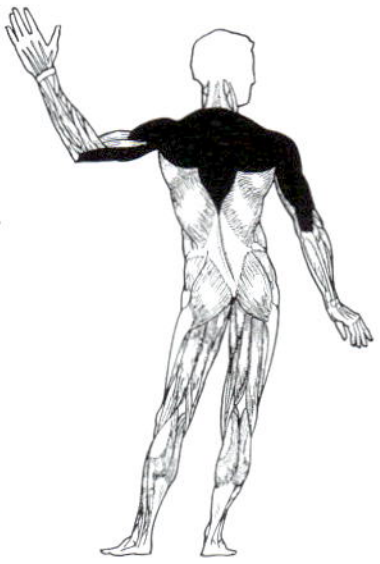

Besonderer Nutzen der Übung

Mit dieser Übung trainieren Sie isoliert Ihre Muskeln der Oberarmrückseite – wichtig für straffe Oberarme.

Übungsbeschreibung

1. Wickeln Sie das eine Ende des Bandes um die rechte Hand und stellen Sie sich mit der rechten Ferse auf das andere.
2. Strecken Sie den rechten Arm nach oben. Unterstützen Sie mit der linken Hand den Oberarm.
3. Beugen und strecken Sie den Unterarm.

Bitte beachten

- Achten Sie stets auf eine korrekte und stabile Oberkörperhaltung.
- Führen Sie die Bewegung nur mit dem Unterarm aus.
- Eine leichtere bzw. schwerere Ausführung erhalten Sie durch eine geringere bzw. höhere Vorspannung des Thera-Bandes.
- Die Übung ist auch beidarmig möglich. Achten Sie dann aber auf eine stabile Lendenwirbelsäule.

Trainierte Muskulatur

++ Oberarmrückseite (Trizeps)

ROTATORENÜBUNG

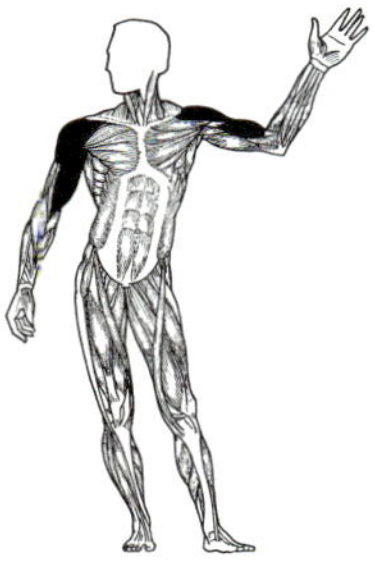

Besonderer Nutzen der Übung

Diese Übung ist hervorragend geeignet für Personen mit instabilen Schultergelenken. Sie trainiert die so genannte Rotatorenmanschette, die eine wichtige Aufgabe in der Gelenkführung und Stabilisation des Oberarmkopfes im Schultergelenk hat.

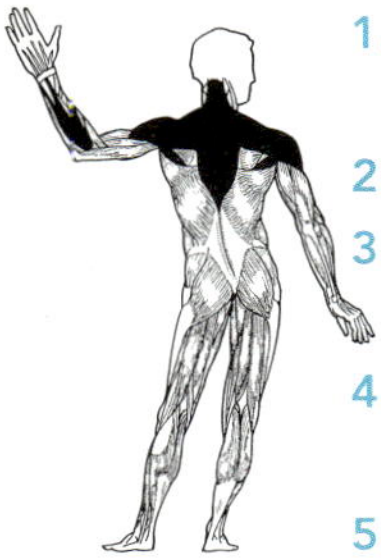

Übungsbeschreibung

1. Legen Sie das Thera-Band über Ihre Hände und wickeln Sie es auf jeder Seite nach innen.
2. Halten Sie Ihre Ellbogen am Körper und spreizen Sie die Finger.
3. Drehen Sie Ihre Unterarme nach außen. Die Hände führen die Bewegung an.
4. Unterstützen Sie bewusst die Armbewegung durch Heben (Aufrichten) des Brustkorbs.
5. Führen Sie die Bewegung langsam wieder zurück.

Bitte beachten

- In der statischen Ausführung der Übung halten Sie die Endposition etwa 20 Sekunden lang.
- Bei dieser Übung kommt es zur Aufrichtung des Brustkorbs und somit zur Hebung der Brust.
- Halten Sie die Ellbogen am Körper.

Trainierte Muskulatur

++ Außenrotatoren Schultergelenk

++ Hand- und Fingerstrecker

AUFRICHTEÜBUNG

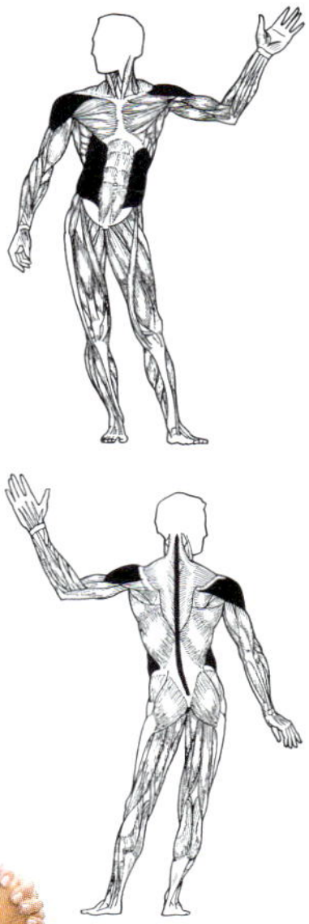

Besonderer Nutzen der Übung

Durch die Komplexität dieser Übung wird die Rumpfmuskulatur (und zwar vor allem die Aufrichtemuskulatur) auf anspruchsvolle Weise trainiert.

Übungsbeschreibung

1. In der Grätschstellung fassen Sie das Thera-Band auf der Höhe Ihres Knies.
2. Ziehen Sie das Thera-Band vom Fuß weg nach oben zur anderen Seite. Strecken Sie Ihren ganzen Körper und schauen Sie während der Übungsausführung den Händen nach.
3. Bewegen Sie sich wieder langsam in die Ausgangsposition zurück.

Bitte beachten

- Nehmen Sie das Thera-Band in die Fäuste, die Arme sind gestreckt.
- Achten Sie auf eine kontrollierte Bewegungsführung.
- Sie können die Füße leicht mitdrehen.

Trainierte Muskulatur

++ Rückenstreckmuskulatur
++ Schräge Bauchmuskulatur
++ Schultermuskulatur
++ Viereckiger Lendenmuskel

SEITSPREIZEN

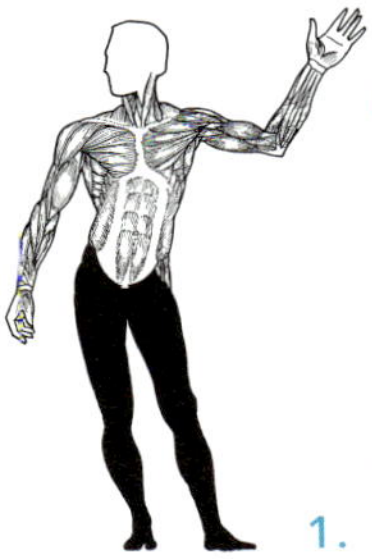

Besonderer Nutzen der Übung

Diese Übung trainiert die wichtigsten Stabilisatoren des Beckens, die Gesäßmuskeln, die Oberschenkelaußenseite und die Oberschenkelinnenseite.

Übungsbeschreibung

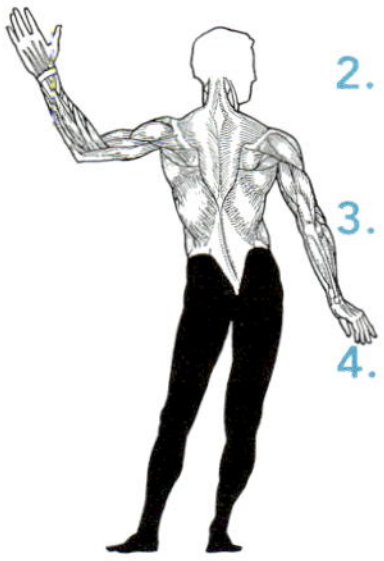

1. Fixieren Sie die Thera-Band-Schlinge oberhalb der Sprunggelenke an den Unterschenkeln. Beugen Sie leicht das Standbein und spannen Sie Ihre Rumpfmuskulatur an.
2. Führen Sie das Spielbein wechselweise nach außen und wieder zurück in die Ausgangsstellung.
3. Führen Sie das Spielbein wechselweise nach hinten und wieder zurück in die Ausgangsstellung.
4. Legen Sie sich auf die Seite und winkeln Sie das obere Bein an. Heben und senken Sie das untere Bein.

Bitte beachten

- Achten Sie darauf, dass Sie bei den Beinbewegungen im Stand das Becken und die Lendenwirbelsäule muskulär sichern (keine Hohlkreuzbildung). Kontrollieren Sie die Stabilisation mit Ihren Händen.
- Bei Knieproblemen fixieren Sie das Band oberhalb der Kniegelenke.
- Wechseln Sie nach etwa 20 bis 30 Sekunden das Standbein.
- Eine weiche, labile Unterlage (Handtuch, Kissen, Matratze) unter dem Standbein intensiviert die Übung.

Trainierte Muskulatur

++ Hüftstreckmuskulatur (Gesäßmuskulatur, Oberschenkelrückseite)

++ Beinabspreizmuskulatur (Gesäßmuskulatur, Oberschenkelaußenseite)

++ Hüftbeugemuskulatur (Hüftbeuger, Oberschenkelvorderseite)

++ Beinanziehmuskulatur (Adduktoren)

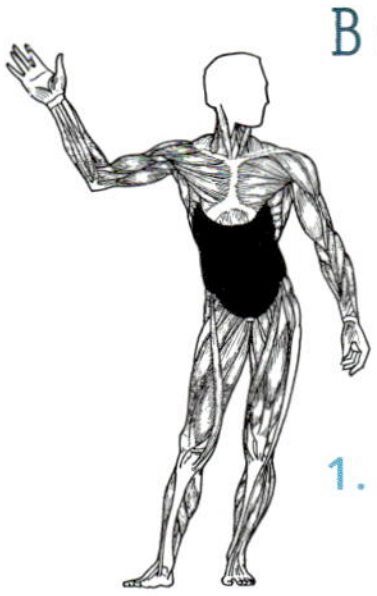

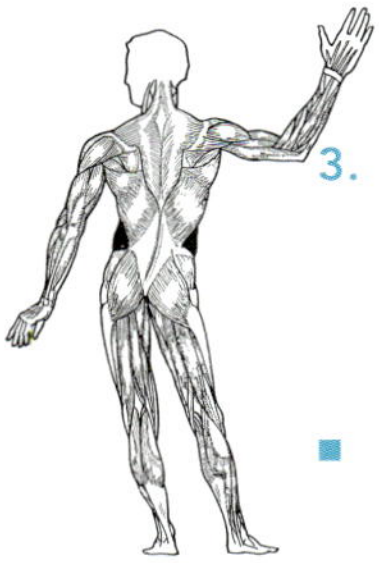

BEINE HOCHSCHIEBEN

Besonderer Nutzen der Übung

Sie trainieren mit dieser Übung intensiv Ihre Bauchmuskulatur.

Übungsbeschreibung

1. Legen Sie in Rückenlage das Thera-Band breitflächig über Ihre Fußsohlen. Wickeln Sie die Bandenden um Ihre Hände.
2. Strecken Sie Ihre Beine nach oben und drücken Sie die Hände neben Ihrem Gesäß leicht in den Boden. Ziehen Sie gedanklich den Bauchnabel nach innen.
3. Schieben Sie abwechselnd die rechte und die linke Fußsohle nach oben, als ob Sie etwas Luft unter Ihre jeweilige Gesäßhälfte bringen wollten.

Bitte beachten

- Die Fußsohlen schieben abwechselnd senkrecht nach oben. Heben Sie jeweils die entsprechende Beckenseite an.
- Die Variante für gut trainierte Personen: Schieben Sie beide Beine nach oben.
- Eine weitere intensive Variante: Winkeln Sie die Beine im 90-Grad-Winkel an und lassen Sie das Band unterhalb der Knie verlaufen.
- Sie können die Übung auch mit überkreuztem Thera-Band durchführen, dann haben Sie noch mehr Spannung in den Beinabspreizern.
- Die Übung funktioniert auch ganz ohne Thera-Band. Dabei drücken Sie die Arme auswärts gedreht neben dem Gesäß oder in U-Halte hinter dem Kopf in den Boden.

Trainierte Muskulatur

++ Bauchmuskulatur

Das Kleinhantelprogramm

Kleinhanteln eignen sich hervorragend zur Entwicklung der dynamischen Kraft, und zwar besonders im Bereich der oberen Extremitäten, des Schultergürtels und des Rumpfes. Durch das festgelegte Gewicht ist die Belastung genau dosierbar und dokumentierbar. Hanteln lassen sich einfach und unkompliziert benutzen, sind dabei jedoch äußerst vielseitig. Die meisten Übungen, die Sie in diesem Buch kennen lernen, können auch mit Hanteln durchgeführt werden.
Freie Gewichte stellen erhöhte Anforderungen an Koordination und Stabilisation, denn der Bewegungsweg ist nicht vorgegeben. Vor allem bei Ermüdung können hier leicht Ausweichbewegungen auftreten. Achten Sie deshalb bitte unbedingt auf die korrekte und kontrollierte Ausführung der Übungen, nicht nur wegen des besseren Trainingseffekts, sondern vor allem auch im Interesse Ihrer Sicherheit. Während der gesamten Übung sollen sich die Handgelenke in einer geraden Verlängerung der Unterarme befinden.
Wenn Sie sich auf ein reines Hanteltraining spezialisieren möchten, müssen Sie das Gewicht immer wieder Ihrem Leistungsvermögen (das mit zunehmendem Trainingsfortschritt wächst) anpassen. Sie brauchen also gewichtsvariable Hanteln, denn damit können Sie das Gewicht allmählich steigern und auch einzelne Muskelgruppen spezifischer trainieren, wie etwa Bein-, Brust- und Oberarmmuskulatur mit höherem, die Rumpfmuskulatur eher mit mittlerem Gewicht.
Für unsere Zwecke reichen dagegen die gewichtskonstanten Modelle völlig aus. Frauen empfehlen wir ein Gewicht von 600 bis 1500 Gramm, Männern 1100 bis 3000 Gramm.

Kurzhantel-Curls

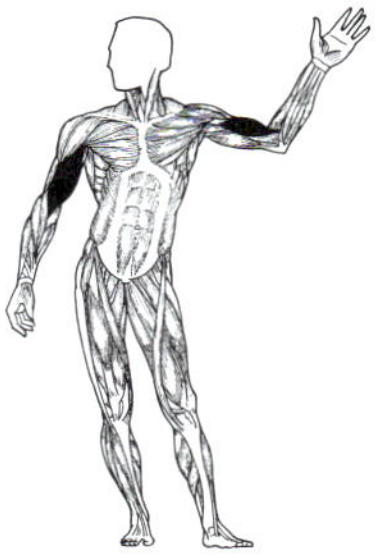

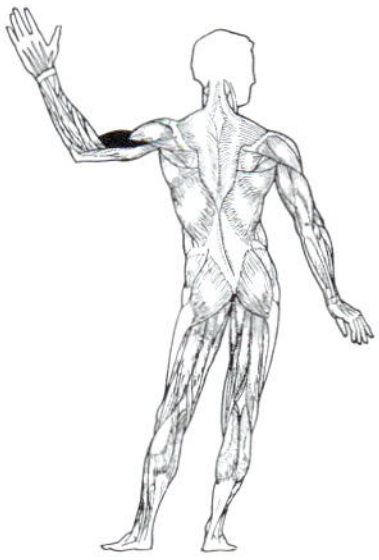

Besonderer Nutzen der Übung

Mit dieser Übung trainieren Sie isoliert die Muskeln der Oberarmvorderseite und tun damit etwas für die Straffung Ihrer Oberarme.

Übungsbeschreibung

1. Stehen Sie aufrecht in Grundstellung. Fassen Sie die Kurzhanteln im Untergriff. Halten Sie die Hanteln in Höhe des Beckens.
2. Beugen und strecken Sie beide Arme (Armbeugen).

Bitte beachten

- Achten Sie stets auf eine korrekte und stabile Oberkörperhaltung.
- Fixieren Sie die Oberarme fest am Oberkörper.
- Sie können die Handhaltung während der Beugebewegung verändern: Starten Sie im Neutralgriff (Hantel zeigt nach vorne) und drehen Sie die Hantel während der Bewegung auswärts.
- Sie können die Übung auch einarmig durchführen. Hierbei stützen Sie den Ellbogen auf Ihrem Oberschenkel auf.

Trainierte Muskulatur

++ Oberarmvorderseite (Zweiköpfiger Oberarmmuskel, Oberarmspeichenmuskel, Armbeuger)

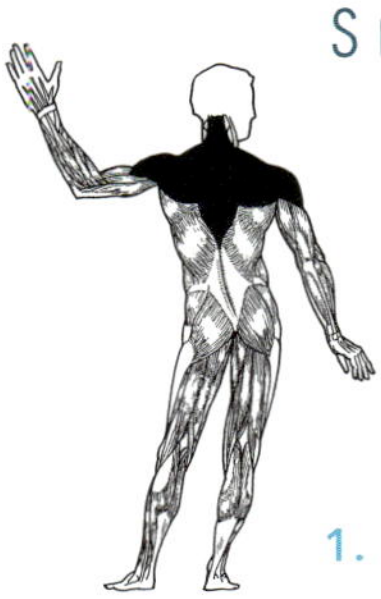

SEITHEBEN UND FRONTHEBEN

Besonderer Nutzen der Übung

Mit dieser Übung trainieren Sie sehr intensiv Ihren Deltamuskel. Sie eignet sich auch besonders gut zum isolierten Auftrainieren dieses Muskels.

Übungsbeschreibung

1. Stehen Sie aufrecht in Grundstellung. Sie halten in jeder Hand eine Kurzhantel.
2. Führen Sie beide Arme seitlich vom Körper nach oben bis in die Waagerechte (Seitheben).
3. Führen Sie beide Arme nach vorne und oben bis in die Waagerechte (Frontheben).

Bitte beachten

- Halten Sie während der gesamten Bewegung beide Arme leicht angewinkelt.
- In der obersten Armposition zeigen die Handrücken zur Decke.
- Halten Sie den Oberkörper stabil und aufrecht.
- Führen Sie die Bewegung gleichmäßig durch, d. h., heben und senken Sie die Hanteln im gleichen Tempo.

Trainierte Muskulatur

++ Schultergelenksmuskulatur (Deltamuskel, Obergrätenmuskel, Untergrätenmuskel)

\+ Schultergürtelmuskulatur (Kapuzenmuskel)

RUDERN KURZHANTEL EINARMIG – KICKBACKS

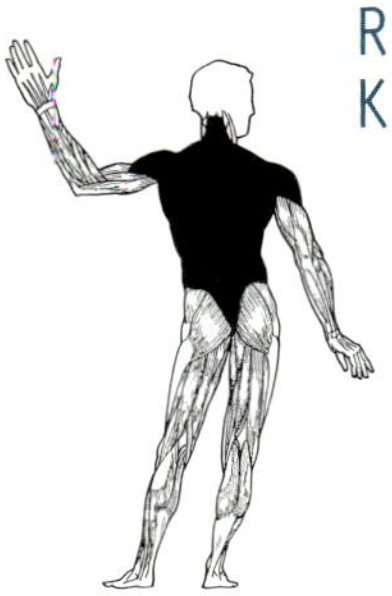

Besonderer Nutzen der Übung

Mit dieser kombinierten Übung trainieren Sie die Muskeln, die an der Aufrichtung des Schultergürtels beteiligt sind, sowie die hintere Oberarmmuskulatur.

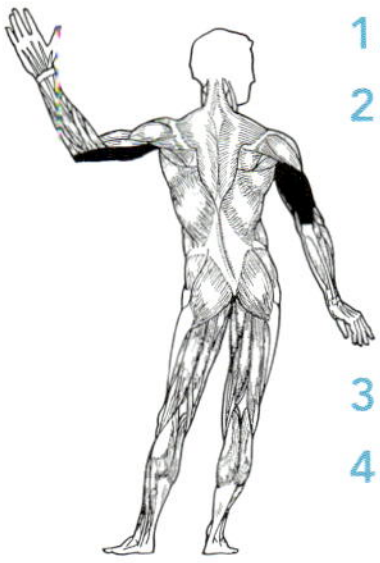

Übungsbeschreibung

1. Stützen Sie den linken Arm und das linke Bein auf einem Stuhl ab.
2. Halten Sie die Hantel im Neutralgriff. Ziehen Sie den rechten Oberarm nach oben, der Ellbogen führt dabei die Bewegung an. Halten Sie den rechten Unterarm während der gesamten Bewegung möglichst in der Senkrechten.
3. Senken und heben Sie den Arm im Wechsel.
4. Lassen Sie den Ellbogen nun in der Endposition stehen. Strecken und beugen Sie im Wechsel das Ellbogengelenk. Bringen Sie den Unterarm in Verlängerung zum Oberarm.

Bitte beachten

- Halten Sie den Rücken «gerade» und verdrehen Sie nicht die Wirbelsäule.
- Halten Sie den Kopf in Verlängerung der Wirbelsäule (Blick nach vorne unten).

Trainierte Muskulatur

++ Oberarmrückseite (Trizeps)

\+ Schultergelenksmuskulatur (Breiter Rückenmuskel, Rundmuskel)

AUSFALLSCHRITT-KNIEBEUGE

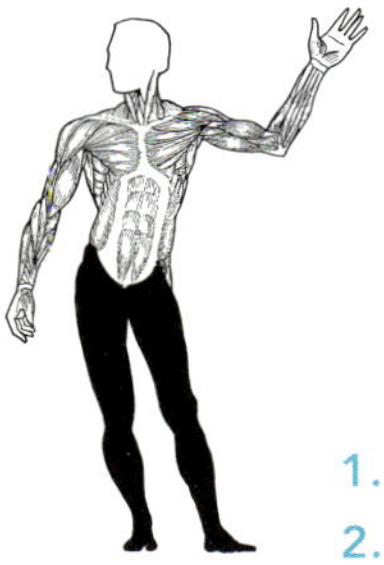

Besonderer Nutzen der Übung

Bei dieser Übung werden die beiden größten Muskelgruppen der unteren Extremitäten gleichzeitig gekräftigt.

Übungsbeschreibung

1. Stehen Sie stabil in einer leichten Schrittstellung.
2. Legen Sie die Hanteln auf den Oberschenkel des vorderen Beines.
3. Beugen und strecken Sie die Beine (Ausfallschritt-Kniebeuge).

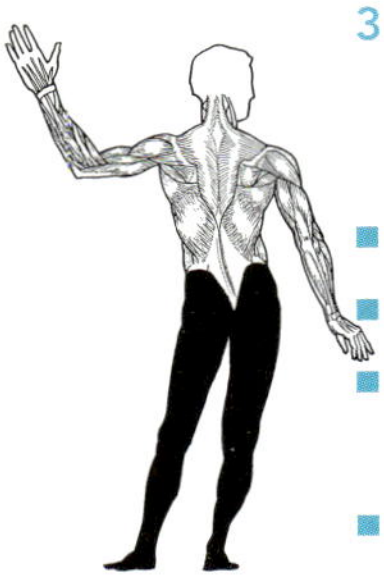

Bitte beachten

- Stabilisieren Sie sich durch ein leichtes Versetzen der Füße.
- Achten Sie auf eine stabile Oberkörperhaltung.
- Führen Sie das Knie des vorderen Beines nicht über die Zehenspitzen hinaus. Kein spitzer Winkel im vorderen Bein!
- In einer Übungsvariation führen Sie die Arme (mit leichteren Gewichten!) in U-Halte neben Ihren Kopf.
- Als Variante können Sie die Übung reaktiv so durchführen, dass Sie aus dem Parallelstand einen großen Schritt tief nach vorne unten ausführen.
- Die Kniebeuge in Schrittstellung, aber auch im Parallelstand dient Ihnen zum Training der Muskulatur und zur Schulung der Hebe-Trage-Technik.

Trainierte Muskulatur

++ Oberschenkelvorderseite (Quadrizeps)
++ Hüftstreckmuskulatur (Gesäßmuskulatur, Muskulatur der Oberschenkelrückseite)
\+ Wadenmuskulatur

ALBATROS

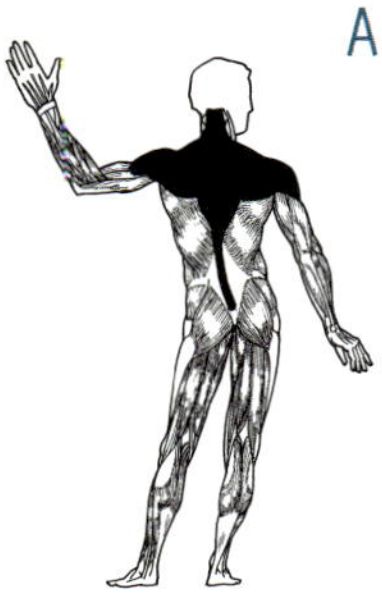

Besonderer Nutzen der Übung

Sie trainieren mit dieser Übung sehr alltagsbezogen Ihre Muskeln zur Aufrichtung der Brustwirbelsäule bei gleichzeitiger Stabilisation der Rumpfmuskeln.

Übungsbeschreibung

1. Stabilisieren Sie im Stand den leicht nach vorne gebeugten, aufrechten Oberkörper.
2. Überkreuzen Sie die Hände vor dem Körper, die Handrücken zeigen nach vorne.
3. Führen Sie beide Hanteln diagonal nach oben hinten in die Nähe der Ohren.

Bitte beachten

- Stabilisieren Sie den Oberkörper durch ausreichende Rumpfspannung.
- Führen Sie die Bewegung gleichmäßig durch, führen Sie die Arme kontrolliert zurück in die Ausgangsstellung.
- Als Übungsvariation führen Sie im Wechsel die eine Hantel nach oben, die andere nach unten.

Trainierte Muskulatur

+– Schultergürtelmuskulatur (Kapuzenmuskel, Rautenmuskel)
++ Rückenstreckmuskulatur
++ Außenrotatoren des Schultergelenks

ACHTERKREISEN

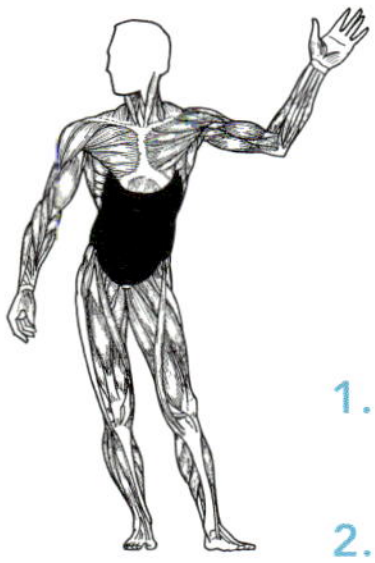

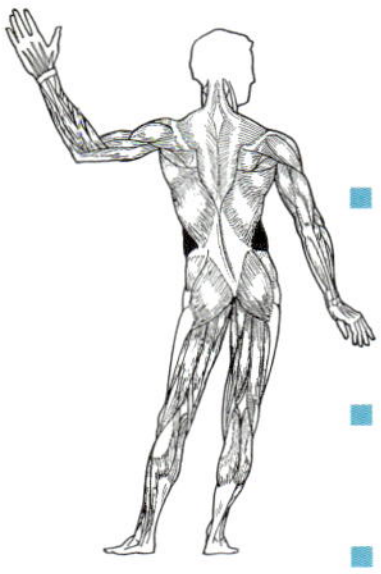

Besonderer Nutzen der Übung

Sie trainieren mit dieser Übung Ihre Bauchmuskulatur.

Übungsbeschreibung

1. Gehen Sie in die Rückenlage und winkeln Sie die Beine im 90-Grad-Winkel an.
2. Führen Sie abwechselnd jeweils ein Knie heran und geben Sie eine Hantel unter dem Knie hindurch in die andere Hand weiter.

Bitte beachten

- Die Lendenwirbelsäule sollte immer in Kontakt mit dem Boden bleiben, sodass Sie nicht ins Hohlkreuz ausweichen, wenn der Beinhebel zu lang wird.
- Halten Sie den Kopf stabil und bewegen Sie nur Arme, Schultern, Hüften und Beine.
- Alternativ drehen Sie den ganzen Körper um 45 Grad zur Seite und wiederholen die Übung.

Trainierte Muskulatur

++ Bauchmuskulatur
\+ Hüftbeugemuskulatur

Oberkörper heben

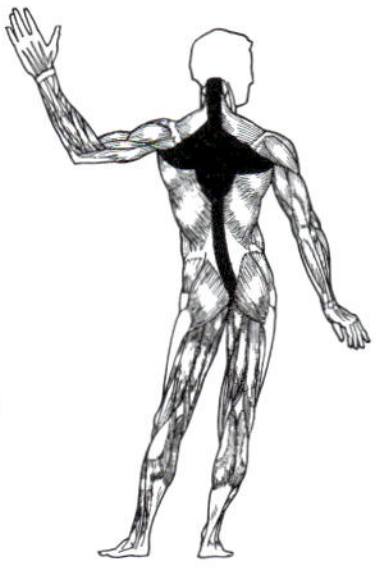

Besonderer Nutzen der Übung

Sie trainieren mit dieser Übung Ihre tiefe Rückenstreckmuskulatur.

Übungsbeschreibung

1. Legen Sie in Bauchlage die Hanteln auf Ihre Schultern und die Stirn auf Ihre Hände.
2. Spannen Sie die Gesäß- und Bauchmuskulatur an (Sitzbeinhöcker zusammenziehen und Bauchnabel einziehen).
3. Ziehen Sie die Schulterblätter nach hinten unten und heben Sie den Oberkörper.

Bitte beachten

- Halten Sie den Kopf in Verlängerung der Wirbelsäule, indem Sie den Blick nach unten richten.
- In der Ausgangsstellung können Sie die Fersen auch nach hinten schieben.
- Um eine bessere Fixierung der Lendenwirbelsäule zu erreichen, setzen Sie sich in einer Alternativübung auf die Fersen und heben den Oberkörper nur so weit an, dass das Becken vorne in Kontakt mit den Oberschenkeln bleibt.

Trainierte Muskulatur

++ Rückenmuskulatur

Bein- und Rumpfseitheben

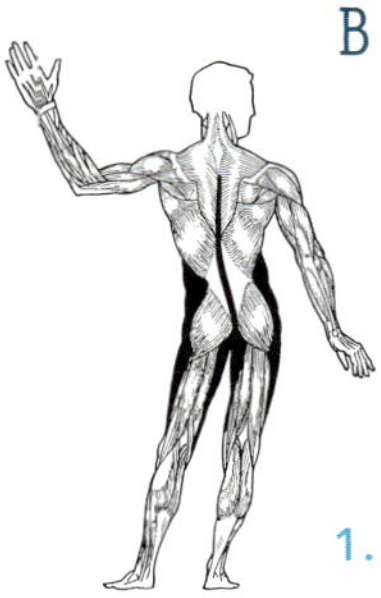

Besonderer Nutzen der Übung

Sie trainieren in dieser effektiven Ganzkörperkräftigungsübung besonders die seitliche Rumpfmuskulatur und damit auch Ihre Taille.

Übungsbeschreibung

1. In der gestreckten Seitlage legen Sie die Hanteln zwischen Ihre Oberschenkel. Stützen Sie sich mit der oberen Hand auf dem Boden ab.
2. Heben Sie beide Beine an.
3. Heben und senken Sie abwechselnd die Beine.
4. Heben Sie zusätzlich den unteren Arm und die untere Schulter etwas an.
5. Heben und senken Sie abwechselnd die Beine und den Oberkörper.

Bitte beachten

- Sie liegen seitlich, ohne den Körper zu verdrehen. Durch die geringe Auflagefläche hat die Übung einen hohen koordinativen Anspruch.
- Intensivieren können Sie die Übung, indem Sie die Beine und den Oberkörper etwas höher anheben.
- Eine Veränderung des Lastarms, z. B. das Beugen der Beine, macht die Übung leichter.
- Sie können die Übung auch statisch durchführen. Heben Sie die Beine und den Oberkörper nach oben.

Trainierte Muskulatur

++ Viereckiger Lendenmuskel
++ Schräge Bauchmuskulatur
\+ Gerade Bauchmuskulatur
++ Gesäßmuskulatur
++ Äußere Oberschenkelmuskulatur

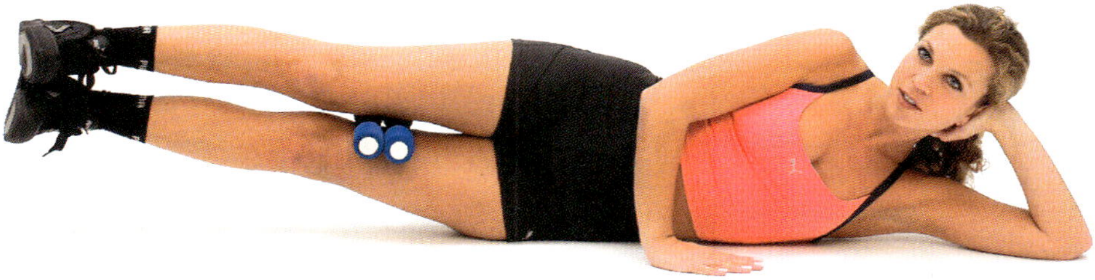

Wer rastet, der rostet –
BEWEGLICH WERDEN

Eine gute Beweglichkeit sichert optimale mechanische Arbeitsvoraussetzungen im Gelenk und wirkt sich somit günstig auf dessen Leistungsfähigkeit aus. Dehn- oder Mobilisationsübungen zielen dementsprechend darauf ab, die individuelle Beweglichkeit zu fördern oder wenigstens zu erhalten. Regelmäßig durchgeführt, bewirken sie strukturelle Anpassungen, speziell im Bindegewebe, und verbessern die Sensomotorik. Auch wenn einige Behauptungen über den Nutzen des Dehnens inzwischen widerlegt wurden, zeigt doch die praktische Erfahrung, dass diese Übungsformen positive Effekte haben und nicht umsonst in verschiedenen Kulturen seit Jahrtausenden Bestandteil der Körperarbeit sind. Problematisch kann es allerdings werden, wenn eine Überbeweglichkeit oder Gelenkinstabilität vorliegt oder wenn Verspannungen, die von einer Verletzung herrühren, zu grob gelöst werden.

Dehnen können Sie auf verschiedene Weise

Die Muskulatur kann auf unterschiedliche Art und Weise gedehnt werden. Alle Methoden haben ihre Berechtigung. Für den Anfang möchten wir Ihnen empfehlen, die jeweilige Dehnstellung etwa 20 bis 40 Sekunden zu halten (statisches Dehnen). Wenn Sie jedoch schon über ein gutes Körpergefühl verfügen, lohnt sich ein mehrmaliges dynamisches Dehnen in der Endposition einer statischen Dehnübung.
Besonders bewährt hat sich das Dehnen am Ende der Trainingseinheit, also als Cool-down. Im Rahmen des Aufwärmens dehnen Sie kürzer, nur etwa 5 bis 8 Sekunden. Dehnen Sie immer langsam und kontrolliert. Lenken Sie Ihre Aufmerksamkeit auf die zu dehnende Muskulatur und atmen Sie bewusst bei der Dehnung aus. Das Dehngefühl sollten Sie immer als angenehm empfinden!

Empfohlene Dehnmethoden im Überblick

- **Statisches Dehnen:** Langsames Einnehmen und Halten der Dehnposition.
- **Aktives Dehnen:** Dehnung durch Kontraktion des Gegenspielers (Antagonist).
- **Dynamisches Dehnen:** Kontrollierte, geführte und langsame Dehnbewegung.

Trainingspraktische Hinweise zum Dehnen im Überblick

- Die Reizintensität wird dem Leistungsniveau angepasst: Beginner «sanftes» Dehnen, Fortgeschrittene intensives Dehnen, zur Regeneration möglichst dynamisches Dehnen.
- Die Reizdauer (Dehndauer) beträgt zum Aufwärmen 5 bis 8 Sekunden, zum Cool-down und zur Beweglichkeitsverbesserung etwa 20 bis 60 Sekunden.
- Reizumfang: 1 bis 2 Serien.
- Reizdichte: Nach Gefühl, da wissenschaftlich noch nicht eindeutig geklärt.
- Trainingshäufigkeit: 2- bis 3-mal pro Woche.

Das Mobilisations-programm

Kopfdrehen – Nasenpinsel

Besonderer Nutzen der Übung

Eine ausreichende Beweglichkeit der Halswirbelsäule ist besonders für den Alltag wichtig.

Übungsbeschreibung

1. Drehen Sie den Kopf langsam nach rechts und nach links. Schauen Sie dabei so weit wie möglich über die jeweilige Schulter.
2. Stellen Sie sich vor, an Ihrer Nase sei ein Pinsel befestigt. Malen Sie in aufrechter Haltung nun mit Ihrem Pinsel kleine Kreise auf ein (gedachtes) Blatt Papier. Die Kreise dürfen Tischtennisballgröße erreichen.

Bitte beachten

- Führen Sie die Bewegungen langsam durch.
- Unterschiede im Rechts-links-Vergleich deuten auf Funktionsstörungen hin.

Schulterkreisen rückwärts – Fingerhakeln

Besonderer Nutzen der Übung

Diese Übung fördert durch das Heben des Brustbeins die Körperaufrichtung und lockert die Schulterpartie.

Übungsbeschreibung

1. Beschreiben Sie mit den Schultern große Kreise rückwärts.
2. Versuchen Sie, hinter dem Rücken mit der rechten Hand (von oben kommend) die Finger der linken Hand (von unten kommend) zu berühren oder sogar ineinander zu verhakeln. Machen Sie die Übung auch andersherum.

Bitte beachten

- Führen Sie die Bewegungen langsam durch.
- Schulterkreisen ist eine der einfachsten und wirksamsten Übungen für zwischendurch.
- Mit der zweiten Übung erreichen Sie auch eine Dehnung der Außenrotatoren des Schultergelenks. Dazu ziehen Sie ggf. die unteren Finger zusätzlich leicht nach oben.

Becken vorschieben

Besonderer Nutzen der Übung

Die Übung ist gut geeignet zur Automobilisation bei Kreuzdarmbeinbeschwerden (Blockierung) sowie zur Mobilisation der Hüft- und Iliosakralgelenke.

Übungsbeschreibung

1. Schieben Sie in der Rückenlage abwechselnd die rechte und die linke Fußsohle von sich weg. Die Bewegung erfolgt nur aus der Hüfte heraus.
2. Erhöhen Sie das Bewegungstempo, sodass Sie innerhalb einer Sekunde beide Bewegungen durchführen.

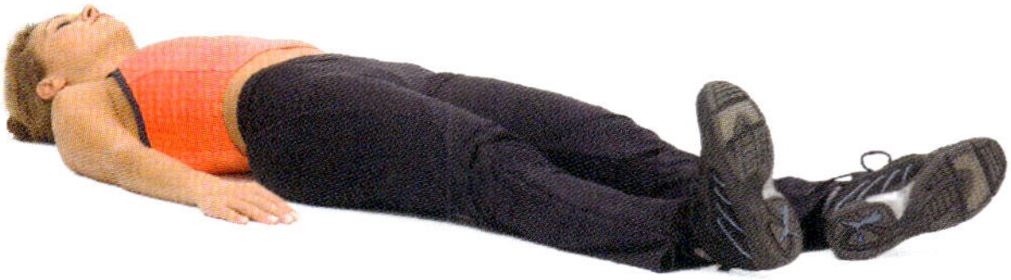

Bitte beachten

- Die Beine liegen gestreckt auf dem Boden.
- Führen Sie die Bewegungen bewusst durch.
- Eine Variante im Sitzen, die Sie jederzeit und überall ausführen können: Schieben Sie abwechselnd jeweils eine Gesäßhälfte nach vorne. Heben Sie danach abwechselnd die rechte und die linke Gesäßhälfte an.

DREHDEHNSITZ – DREHDEHNLAGERUNG

Besonderer Nutzen der Übung

Diese Übung ist eine der wichtigsten Automobilisationsübungen, so genannte «Blockierungen» in der Brustwirbelsäule können Sie damit oft selbst lösen.

Übungsbeschreibung

1. Winkeln Sie im Sitzen das linke Bein an.
2. Stellen Sie den rechten Fuß neben das linke Knie.
3. Überkreuzen Sie mit dem gegenüberliegenden linken Arm das angewinkelte rechte Bein.
4. Stützen Sie sich mit der rechten Hand hinten ab.
5. Drehen Sie den Oberkörper nach rechts und schauen Sie dabei nach hinten.

Probieren Sie die Übung nun auch in Seitlage aus:

1. Legen Sie sich auf die linke Seite. Winkeln Sie das obere rechte Bein an und halten Sie das Knie mit der linken unteren Hand am Boden.
2. Schauen Sie nach rechts und drehen Sie den Kopf, die Schulter und den Arm in dieselbe Richtung.
3. Senken Sie behutsam den gestreckten linken Arm so weit wie möglich auf den Boden, bis Sie deutlich eine Dehnung an der rechten Brustoberseite spüren. Durch bewusstes Ausatmen in die gedehnte Region können Sie die Dehnung positiv unterstützen.

Bitte beachten

- Sollte Ihnen der Drehdehnsitz mit angewinkeltem unterem Bein Schwierigkeiten bereiten, strecken Sie das Bein.
- In der Drehdehnlagerung dehnen Sie zusätzlich die Brustmuskulatur. Durch unterschiedliches Abwinkeln des Arms dehnen Sie verschiedene Anteile Ihrer Brustmuskulatur.
- Versuchen Sie, beim Drehen auszuatmen und Spannungen herausfließen zu lassen.

Trainierte Muskulatur

++ Mobilisation Brustwirbelsäule
+ Gesäßmuskulatur
++ Brustmuskulatur (2. Übung)

KATZENBUCKEL – PFERDERÜCKEN

Besonderer Nutzen der Übung

Diese bekannte Übung dient Ihnen zur Mobilisation der Wirbelsäule und fördert Ihre Körperwahrnehmung.

Übungsbeschreibung

1. Strecken Sie im Vierfüßlerstand langsam den Rücken nach oben Richtung Decke (Katzenbuckel).
2. Lassen Sie den Rücken wieder langsam nach unten absinken (Pferderücken).

Bitte beachten

- Mit dieser Übung erreichen Sie neben einer Dehnung des Rückenstreckers auch eine Mobilisation der Wirbelsäule.
- Bereitet Ihnen das Durchhängen in der Lendenwirbelsäule Beschwerden, führen Sie die Bewegung nur im schmerzfreien Bereich durch.
- Atmen Sie beim Nach-unten-Bewegen ein, beim Nach-oben-Bewegen aus.
- Diese Übung hilft Ihnen auch, die Beckenbewegungen bewusster wahrzunehmen.

Das Dehnprogramm mit Alternativübungen

Seitliche Hals-Nacken-Muskulatur

Besonderer Nutzen der Übung

Sie dehnen den häufig verspannten Kapuzenmuskel. Er reagiert besonders sensibel auf Stress (der psychische Erfolgsmuskel Nr. 1) und kann im verspannten Zustand auch hartnäckige Kopf- und Nackenschmerzen auslösen.

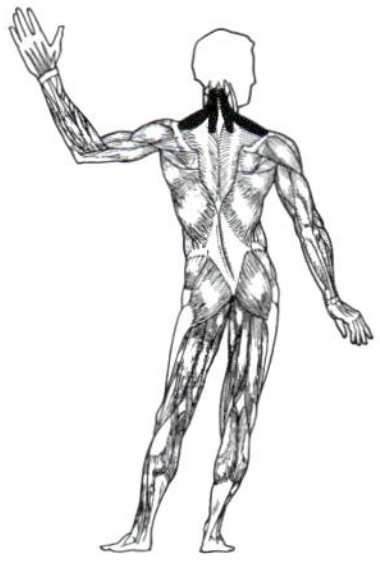

Übungsbeschreibung

1. Neigen Sie den Kopf so weit wie möglich zu einer Schulterseite.
2. Schieben Sie die andere Schulter und die Hand nach unten.

Bitte beachten

- Falls Schmerzen, Schwindel oder ein Taubheitsgefühl im Halswirbelsäulenbereich auftreten, brechen Sie die Übung ab und lassen die Ursache von Ihrem Arzt abklären.
- Sie können den Kopf auch durch den Arm der gleichen Seite fixieren.
- Richten Sie den Blick nach vorne.
- Drehen Sie das Kinn etwas nach oben, wandert die Dehnung mehr nach vorne in Richtung Rippenhalter; drehen Sie das Kinn nach unten, wandert die Dehnung mehr nach hinten in Richtung Schulterblattheber.

Trainierte Muskulatur

++ Kapuzenmuskulatur

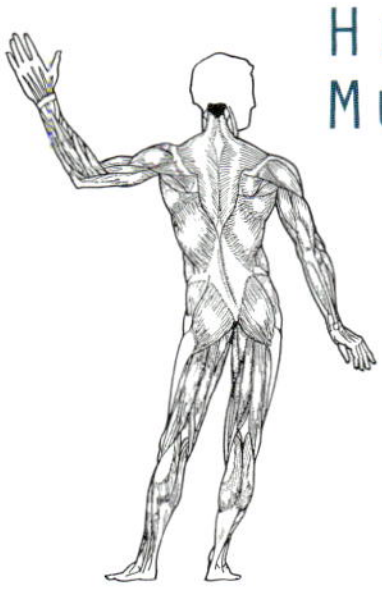

HINTERE HALS-NACKEN-MUSKULATUR – KOPFSTRECKER

Besonderer Nutzen der Übung

Die Dehnung des Kopfstreckers und des Nackens hilft bei Verspannungen und bei Kopfschmerzen.

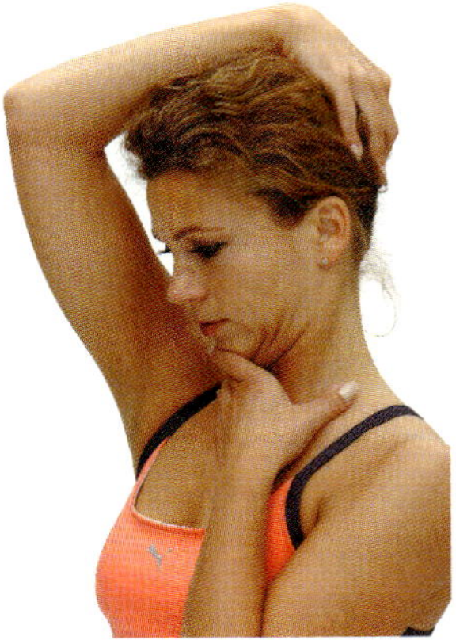

Übungsbeschreibung

1. Fassen Sie mit einer Hand an das Kinn und legen Sie die andere Hand an den Hinterkopf.
2. Ziehen Sie nun das Kinn bei leicht geöffnetem Mund ein (mit der Hand sanft nachhelfen) und schauen Sie nach unten.
3. Ziehen Sie den Hinterkopf nach vorne oben und führen Sie dabei das Kinn in Richtung Brustbein.

Bitte beachten

- Achten Sie darauf, dass Sie den Kopf nicht einfach nur nach vorne ziehen, sondern dabei gleichzeitig die Nickbewegung bzw. das Doppelkinn verstärken.
- Bei geöffnetem Mund können Sie die Dehnung besser spüren.
- Um die Halswirbelsäule noch besser zu fixieren, umfassen Sie mit einer Hand den Nackenbereich und ziehen Sie mit der anderen den Kopf nach vorne.

Trainierte Muskulatur

++ Rückenstrecker im Kopf- und Nackenbereich

RÜCKENMUSKULATUR – RÜCKENSTRECKER

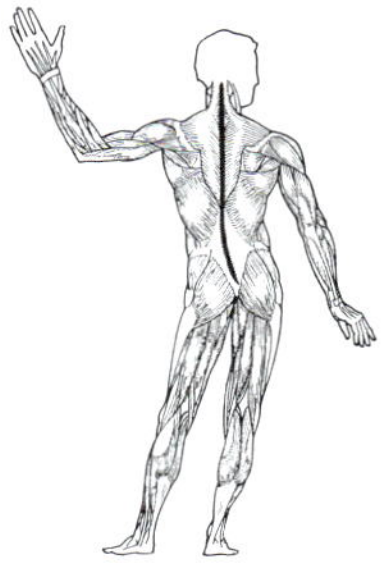

Besonderer Nutzen der Übung

Sie dehnen den langen Rückenstrecker und sorgen durch die Öffnung der Gelenkkapseln für eine Entlastung dieser Strukturen.

Übungsbeschreibung

1. Stehen Sie locker in der Grätschstellung.
2. Beugen Sie die Beine und senken Sie langsam den Oberkörper, indem Sie Wirbel für Wirbel vom Kopf her abrollen.
3. Lassen Sie in der untersten Position Ihren Körper einen Moment lang hängen, bevor Sie sich wieder langsam von unten her «aufrollen».

Bitte beachten

- Alternativ können Sie die Übung auch im Sitzen oder in Päckchenlage (in Rückenlage die Oberschenkel umfassen und zur Brust heranziehen) ausführen.
- Beugen Sie im Sitzen den Oberkörper langsam zwischen den Beinen hindurch nach unten und ziehen Sie sich ggf. an Ihren Füßen weiter nach unten.

Trainierte Muskulatur

++ Rückenstreckmuskulatur

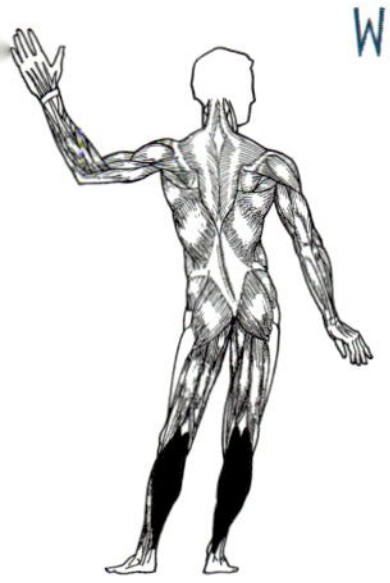

WADENMUSKULATUR

Besonderer Nutzen der Übung

Die Wadenmuskeln senken den Fuß und müssen beim Gehen und Laufen das gesamte Körpergewicht vom Boden abdrücken. Als Schutz vor Achillessehnenverletzungen ist diese Dehnübung sehr gut geeignet für Walker und Jogger, aber auch für Menschen, die häufig einen Wadenkrampf bekommen.

Übungsbeschreibung

1. Stehen Sie in weiter Schrittstellung frontal vor einer Wand (oder einem Stuhl) und stützen Sie sich mit beiden Unterarmen ab. Die Füße zeigen nach vorne und stehen mit der ganzen Sohle auf dem Boden.
2. Schieben Sie den Körper nach vorne in Richtung Wand oder Stuhl und drücken Sie dabei die hintere Ferse in den Boden, bis Sie einen Dehnreiz in der Wadenmuskulatur des hinteren Beines spüren.

Bitte beachten

- Die Dehnung sollten Sie nur an der Rückseite der Wade und des Knies spüren.
- Achten Sie darauf, dass beide Füße nach vorne zeigen und mit der ganzen Sohle auf dem Boden stehen.
- Wählen Sie eine engere Schrittstellung und beugen Sie das hintere Knie so weit, wie es ohne Anheben der Ferse möglich ist. Die Dehnung spüren Sie im Vergleich zu vorher jetzt im unteren Teil der Wadenmuskulatur.

Trainierte Muskulatur

++ Wadenmuskulatur (Zwillingswadenmuskel, Schollenmuskel)

BRUSTMUSKULATUR

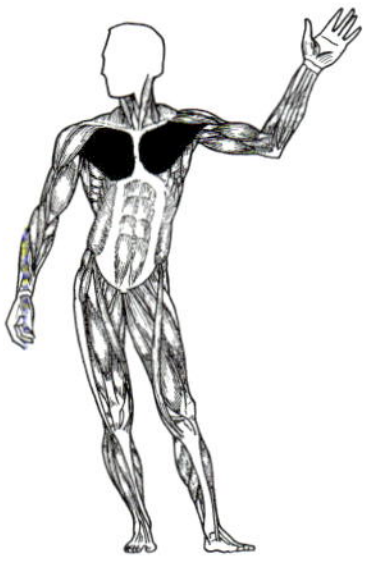

Besonderer Nutzen der Übung

Die Brustmuskulatur bewegt den Arm und stabilisiert das Schultergelenk. Eine gut gedehnte Brustmuskulatur beugt der typischen Rundrückenhaltung vor.

Übungsbeschreibung

1. Stellen Sie sich mit der linken Seite zur Wand (oder an einen Türrahmen). Stellen Sie das linke Bein etwas nach vorne.
2. Winkeln Sie den linken Arm an und legen Sie ihn nach hinten an die Wand.
3. Drehen Sie nun leicht den Körper nach rechts, bis Sie eine Dehnung in der Brust- und Schultermuskulatur spüren.

Bitte beachten

- Durch unterschiedliches Abwinkeln des Arms (waagerecht, nach oben, nach unten) werden verschiedene Anteile der Brustmuskulatur gedehnt.
- Alternativ können Sie die Übung auch im Liegen ausführen.

Trainierte Muskulatur

++ Brustmuskulatur

Hintere Oberarmmuskulatur – Ellbogenstrecker

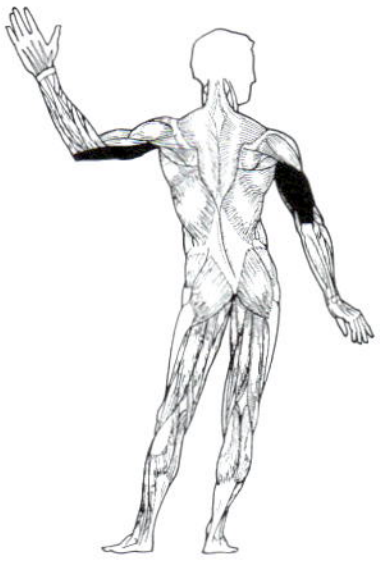

Besonderer Nutzen der Übung

Der dreiköpfige Oberarmmuskel ist der einzige Strecker im Ellbogengelenk. Er hat deshalb im Alltag, aber ganz besonders auch im Sport eine große Bedeutung.

Übungsbeschreibung

1. Strecken Sie im Stand einen Arm nach oben und beugen Sie den Unterarm so weit wie möglich.
2. Umfassen Sie mit der anderen Hand den Ellbogen und ziehen Sie ihn weiter nach innen, um die Dehnung zu verstärken.

Bitte beachten

- Führen Sie die Hand hinter dem Kopf in Richtung gegenüberliegendes Schulterblatt.

Trainierte Muskulatur

++ Dreiköpfiger Oberarmmuskel (Trizeps)

UNTERARMMUSKULATUR – HANDBEUGER

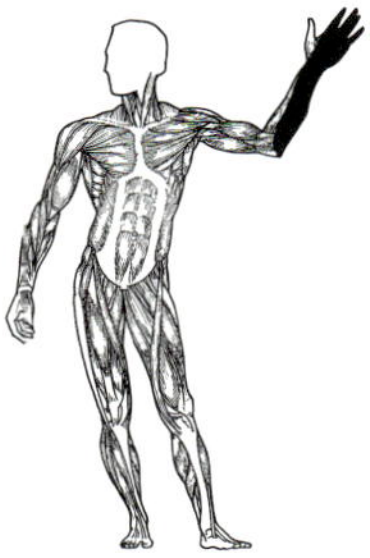

Besonderer Nutzen der Übung

Die Hand- und Fingerbeugemuskulatur ist bei zahlreichen Tätigkeiten (Schreibarbeit, Rückschlagspiele) besonders gefordert. Bei Überlastung können Sehnenansatzschmerzen an der Innenseite des Ellbogens auftreten.

Übungsbeschreibung

1. Drehen Sie die rechte Hand mit angewinkeltem Arm so weit wie möglich nach außen.
2. Fassen Sie mit der anderen Hand den Handteller und ziehen Sie ihn heran.
3. Strecken Sie den rechten Arm wieder.

Bitte beachten

- Es dürfen weder Schmerzen noch ein Taubheitsgefühl im Handwurzelbereich entstehen.
- Achten Sie darauf, dass Sie sowohl die Finger als auch den Handballen umfassen.

Trainierte Muskulatur

→ Handgelenksbeuger
→ Fingerbeuger

Vordere Hüftmuskulatur – Hüftbeuger

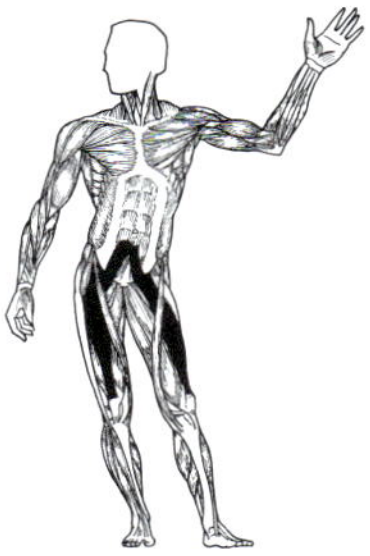

Besonderer Nutzen der Übung

Die Hüftbeuger sind wichtig für die Statik und die Stabilität von Hüftgelenk und Wirbelsäule. Beim Gehen, Laufen, Treppensteigen und Springen werden sie besonders beansprucht. Im verkürzten Zustand kann die Hüftbeugemuskulatur aufgrund ihrer direkten Verbindung mit der Lendenwirbelsäule Rückenschmerzen verursachen.

Übungsbeschreibung

1. Knien Sie in weiter Schrittstellung auf dem Boden.
2. Legen Sie den Oberkörper auf den Oberschenkel und stützen Sie sich mit den Händen ab.
3. Schieben Sie die Hüfte nach vorne und unten.
4. Um die Dehnung zu verstärken, schieben Sie das Gesäß der zu dehnenden Seite nach vorne oder federn Sie leicht in der Endstellung.

Bitte beachten

- Achten Sie darauf, dass Sie das Becken nicht nach hinten drehen oder ins Hohlkreuz ausweichen (um dies zu vermeiden, spannen Sie leicht den Bauch an).
- Alternativ können Sie die Übung auch im Sitzen ausführen. Setzen Sie sich seitlich auf den Stuhl und schieben Sie das Bein nach hinten.

Trainierte Muskulatur

++ Hüftbeugemuskeln (M. iliopsoas)
+ Vierköpfiger Oberschenkelmuskel (Quadrizeps)

Vordere Oberschenkelmuskulatur – Beinstrecker

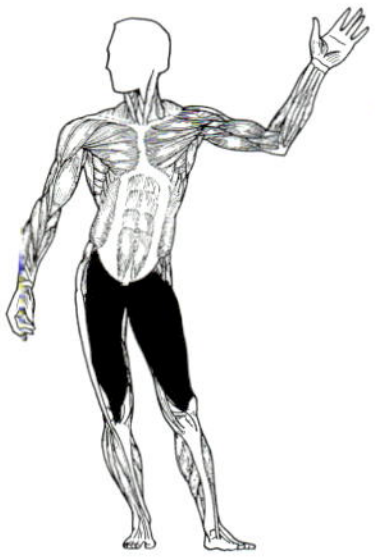

Besonderer Nutzen der Übung

Der vordere Oberschenkelmuskel ist als Beinstrecker und Hüftbeuger an jedem Gehen und Laufen, aber auch an Bewegungen wie dem Abfedern von Sprüngen oder dem Bergabgehen aktiv beteiligt. Er ist der größte und stärkste Muskel des Körpers. Ein konsequentes Dehnen kann helfen, Überlastungen zu verhindern.

Übungsbeschreibung

1. Knien Sie sich mit dem rechten Knie auf ein Kissen und halten Sie das Gleichgewicht, indem Sie sich mit einer Hand an einem Stuhl oder auf Ihrem Oberschenkel abstützen.
2. Umfassen Sie mit der rechten Hand das rechte Fußgelenk.
3. Schieben Sie die Hüfte leicht nach vorne.
4. Ziehen Sie behutsam die rechte Ferse in Richtung Gesäß, bis Sie deutlich eine Dehnung an der Vorderseite des linken Oberschenkels spüren.

Bitte beachten

- Weichen Sie bei Kniegelenksbeschwerden auf eine Alternativübung im Sitzen oder in Seitlage aus.
- In Seitlage führen Sie das untere Bein in Richtung Brust. Ziehen Sie mit der oberen Hand das Bein zurück und anschließend die Ferse in Richtung Gesäß. Eine Dehnungsverstärkung erreichen Sie, wenn Sie das Knie in Gedanken wegschieben.
- Zur Erleichterung kann der Fuß auch mit einer Handtuchschlinge an das Gesäß herangezogen werden.

Trainierte Muskulatur

++ Vierköpfiger Oberschenkelmuskel (Quadrizeps)

PUMA
PUMA

BEININNENSEITE – KURZER BEINANZIEHER

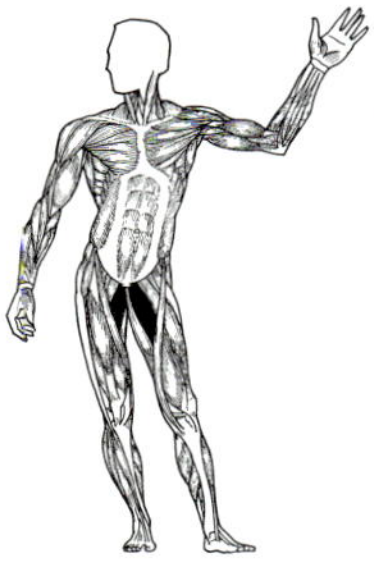

Besonderer Nutzen der Übung

Die Hauptaufgabe der kurzen Beinanzieher (Adduktoren) ist die Stabilisation des Beckens und das Heranführen des abgespreizten Beines. Sie können aber auch im Hüftgelenk beugen und strecken sowie innen- und außenrotieren.

Übungsbeschreibung

1. Stützen Sie sich im Knien auf den Unterarmen ab.
2. Öffnen Sie die Knie langsam und so weit nach außen wie möglich.
3. Schieben Sie behutsam die Hüfte nach vorne (Hüfte strecken) und nach hinten (Hüfte beugen), um die Dehnung in den unterschiedlichen Muskelanteilen der Beininnenseite zu verstärken.

Bitte beachten

- Bei Knieproblemen weichen Sie auf eine andere Übung aus.
- Alternativ können Sie die Übung auch in aufrechter Sitzhaltung oder im Liegen ausführen. Im Liegen legen Sie die Fußsohlen aneinander und senken die Knie nach außen ab. Im Sitzen drücken Sie mit den Handrücken die Oberschenkel nach außen.

Trainierte Muskulatur

++ Kurze Adduktoren (Kurzer, langer, großer Schenkelanzieher, Kammmuskel)

BEININNENSEITE – LANGER BEINANZIEHER

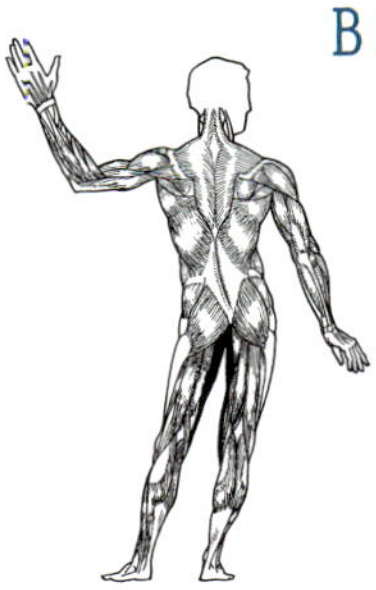

Besonderer Nutzen der Übung

Der schlanke Muskel ist ein über zwei Gelenke verlaufender Schenkelanzieher. Er unterstützt die kurzen Adduktoren bei der Hüftbewegung, wirkt aber auch beugend auf das Kniegelenk. Er wird bei gestrecktem Bein gedehnt.

Übungsbeschreibung

1. Öffnen Sie im aufrechten Sitz die Beine so weit wie möglich.
2. Stützen Sie sich mit den Händen hinter dem Gesäß am Boden ab.
3. Schieben Sie den Bauchnabel (das Becken) nach vorne, bis Sie eine Dehnung an der Beininnenseite spüren.

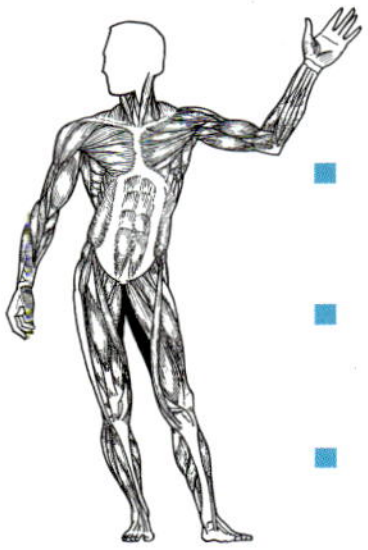

Bitte beachten

- Häufig reicht schon eine leichte Beckenkippung nach vorne, um ein Dehngefühl zu spüren.
- Alternativ können Sie die Übung auch auf einem Stuhl sitzend oder im Liegen ausführen.
- Bei der Dehnung auf dem Stuhl versuchen Sie, möglichst viel Gewicht auf den Stuhl abzugeben. Auch hier erreichen Sie durch die Streckung der Hüfte eine Dehnungsverstärkung.

Trainierte Muskulatur

++ Adduktoren lang (M. gracilis)

++ Adduktoren kurz

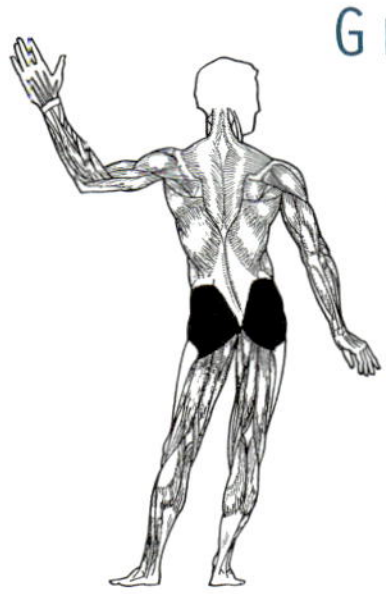

GESÄSSMUSKULATUR

Besonderer Nutzen der Übung

Sie dehnen mit dieser Übung die Gesäßmuskulatur, besonders die Hüftlochmuskeln, die das Bein nach außen drehen (Außenrotatoren). Eine Überlastung des birnenförmigen Muskels kann eine Irritation des Ischiasnervs und damit hexenschussähnliche Schmerzen oder Ausstrahlungen ins Gesäß oder Bein verursachen.

Übungsbeschreibung

1. Winkeln Sie im Sitzen das linke Bein an.
2. Stellen Sie den rechten Fuß neben das linke Knie.
3. Umfassen Sie das rechte Knie und ziehen Sie es in Richtung linke Schulter.

Bitte beachten

- Beide Gesäßhälften haben Kontakt zum Boden. Durch Variation der Hüftbeugung (Fuß näher an das Becken heranstellen) können Sie unterschiedliche Teile der Gesäßmuskulatur dehnen.
- Falls Schmerzen im Hüftgelenk auftreten, variieren Sie die Kniestellung.
- Alternativ können Sie die Übung auch im Liegen oder im Sitzen auf dem Stuhl ausführen.
- In Rückenlage stellen Sie den rechten Fuß auf den linken Oberschenkel und ziehen diesen zu sich heran. Drücken Sie das rechte Knie nach außen, um die Dehnung zu verstärken.

Trainierte Muskulatur

++ Birnenförmiger Muskel (M. piriformis)
++ Hüftlochmuskeln (Mm. gemellii, obturatorii)
+ Großer Gesäßmuskel (M. glutaeus maximus)

KOBRA

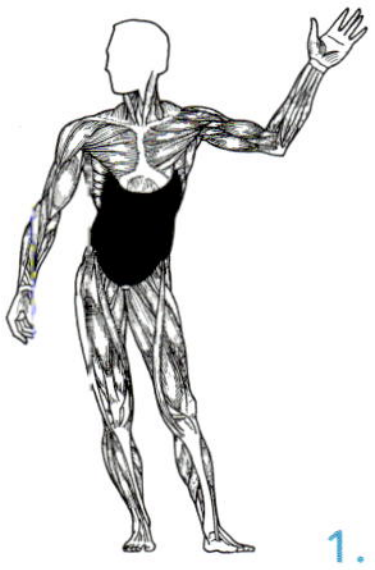

Besonderer Nutzen der Übung

Mit dieser aus dem Yoga bekannten Übung fördern Sie die Aufrichtung in der Brustwirbelsäule und erzielen eine Dehnung bzw. Detonisierung der Bauchmuskulatur.

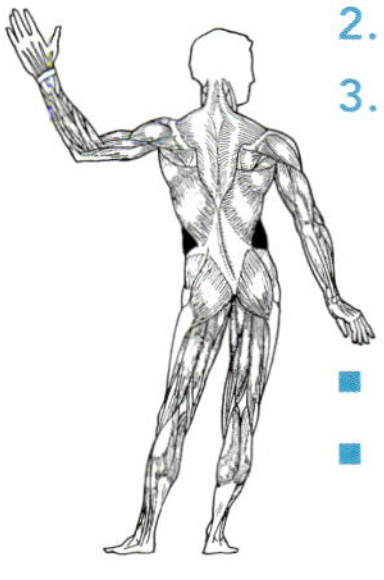

Übungsbeschreibung

1. Stützen Sie sich in Bauchlage auf die Unterarme.
2. Atmen Sie einige Male tief ein und aus.
3. Halten Sie das Becken am Boden und schieben Sie das Brustbein nach vorne oben.

Bitte beachten

- Es dürfen keine Schmerzen im Lendenwirbelsäulenbereich auftreten.
- Für den australischen Physiotherapeuten McKenzie ist die Extension in Bauchlage eine der «Erste-Hilfe-Übungen» zur Behandlung starker Rückenschmerzen.
- Intensiver wird die Übung, wenn Sie die Hände direkt neben den Schultern aufstützen und den Oberkörper so weit wie möglich aufrichten. Becken, Hüfte und Beine bleiben schlaff liegen. Nach zwei Sekunden sinken Sie wieder nach unten. Wiederholen Sie die Übung einige Male.
- Alternativ können Sie die Übung auch auf einem Stuhl sitzend oder im Stehen ausführen.

Trainierte Muskulatur

++ Bauchmuskulatur

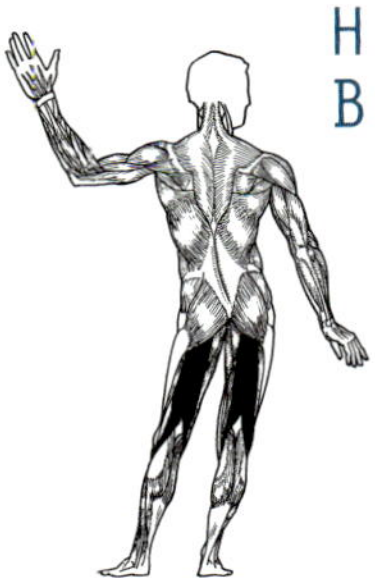

Hintere Oberschenkelmuskulatur – Beinbeuger

Besonderer Nutzen der Übung

Die Beinbeuger strecken die Hüfte und beugen das Knie. Da die Beugemuskulatur im Allgemeinen recht verletzungsanfällig ist, sollte sie ausreichend gedehnt werden.

Übungsbeschreibung

1. Umfassen Sie in Rückenlage den Oberschenkel eines Beines.
2. Strecken Sie das gebeugte Bein behutsam nach oben.
3. Zur Intensivierung der Dehnung fassen Sie das Bein an der Wade und ziehen es behutsam zu sich heran.

Bitte beachten

- Ihr anderes Bein liegt gestreckt auf dem Boden, um das Becken besser zu fixieren.
- In einer Variation legen Sie ein Seil oder das Thera-Band um Ihren Fuß. Ziehen Sie den Fuß heran und heben Sie das gestreckte Bein, bis Sie deutlich die Dehnung auf der Beinrückseite spüren.
- Alternativ können Sie die Übung auch im Stehen oder im Sitzen ausführen.

Trainierte Muskulatur

++ Kniegelenkbeuger (Ischiokrurale Muskulatur)

Die Übungen

auf einen Blick

DAS KOORDINATIONS-PROGRAMM

ÜBUNG	WIEDERHOLUNGEN / ÜBUNGSDAUER	PAUSE	
1. Aufwärmübungen	5–8 Minuten		
2. Kochlöffel	Einige Male kreisen		
3. Einbeinstand ▪ Augen geöffnet ▪ Augen geschlossen	 Je 15 Sekunden	 30 Sekunden	
4. Einbeinstand mit Kopfbewegungen ▪ Kopf drehen ▪ nach oben schauen ▪ nach oben schauen Augen schließen ▪ Kopf nach hinten oben drehen	 4 x je Seite 10 Sekunden 10 Sekunden 3 x je Seite	30 Sekunden	

Übung	Wiederholungen/Übungsdauer	Pause	
5. Einbeinstand mit Beinbewegungen		30 Sekunden	
■ Beine schwingen	15–30 Sekunden		
■ Achterkreisen mit den Beinen	15–30 Sekunden		
■ Bein hochschwingen	15–30 Sekunden		
■ Laufbewegung	15–30 Sekunden		
6. Stabilisation mit Armbewegungen		30 Sekunden	
■ Arme gegengleich bewegen	15–25 Sekunden		
■ Arme nach rechts und links	15–25 Sekunden		
■ Jonglieren	15–25 Sekunden		
7. Bewegungen koppeln	Einige Male		
8. Alle Übungen mit labiler Unterlage (Handtuch, Stabilisationstrainer, Kreisel o. Ä.)	s. o.	s. o.	

Das Bodenprogramm – leicht

Übung	Ziel	Wdh./Dauer Beginner (1–2x)	Wdh./Dauer Fortgeschr. (2–3x)	
1. Crunch	Bauchmuskulatur	8–15x	15–30x	
2. Beine wegschieben	Bauchmuskulatur	8–15x	15–30x	
3. Beckenlift	Gesäß- und hintere Oberschenkelmuskulatur	15x	15–30x	
4. Beinabspreizen	Hüftaußenseite (Abduktoren)	15x	15–30x	
Beinanziehen	Beininnenseite (Adduktoren)	15x	15–30x	
5. Rumpfheben	Rückenmuskulatur	8–12x	15–20x	
6. U-Halte, seitlich heben	Rücken muskulatur (oberflächliche)	15x	15–20x	
7. Gesundheitsliegestütz	Arm-, Brust- und Schultermuskulatur	8–15x	15–30x	

Übung	Ziel	Wdh. dauer Beginner (1–2 x)	Wdh. dauer Fortgeschr. (2–3 x)	
8. Kniebeuge	Bein- und Gesäßmuskulatur	8–15x	15–30x	
9. Seitstütz	Ganzkörper (seitliche Rumpfmuskulatur)	10–15 Sek.	15–25 Sek.	
10. Vierfüßlerheben	Ganzkörper (vordere Rumpfmuskulatur)	10–15 Sek.	15–25 Sek.	

Das Bodenprogramm – Mittel

Übung	Ziel	Wdh./Dauer Beginner (1–2x)	Wdh./Dauer Fortgeschr. (2–3x)	
1. Crunch	Bauchmuskulatur	8–15x	15–30x	
2. Käfer	Bauchmuskulatur			
3. Beckenlift (Zehen angezogen)	Gesäß- und hintere Oberschenkelmuskulatur	15x	15–30x	
4. Beinabspreizen	Hüftaußenseite (Abduktoren)	15x	15–30x	
Beinanziehen	Beininnenseite (Adduktoren)	15x	15–30x	
5. Rumpfheben	Rückenmuskulatur	8–12x	15–20x	
6. Y-Übung (gestreckte Beine)	Rückenmuskulatur	10–15 Sek.	20–25 Sek.	
7. Liegestütz	Arm-, Brust- und Schultermuskulatur	8–15x	15–30x	

Übung	Ziel	Wdh. Dauer Beginner (1–2 x)	Wdh. Dauer Fortgeschr. (2–3 x)	
8. Kniebeuge (gestreckte Arme)	Bein- und Gesäßmuskulatur	8–15x	15–30x	
9. Seitstütz (gestreckt)	Ganzkörper (seitliche Rumpfmuskulatur)	10–15 Sek.	15–25 Sek.	
10. Unterarmstütz	Ganzkörper (vordere Rumpfmuskulatur)	10–15 Sek.	15–25 Sek.	

Das Bodenprogramm – schwer

Übung	Ziel	Wdh. Dauer Beginner (1–2 x)	Wdh. Dauer Fortgeschr. (2–3 x)	
1. Crunch	Bauchmuskulatur	8–15x	15–30x	
2. Käfer	Bauchmuskulatur	15x	15–30x	
3. Beckenlift (einbeinig)	Gesäß- und hintere Oberschenkelmuskulatur	15x	15–30x	
4. Beinabspreizen	Hüftaußenseite (Abduktoren)	15 x	15–30x	
Beinanziehen	Beininnenseite (Adduktoren)	15 x	15–30x	
5. Rumpfheben (zur Seite)	Rückenmuskulatur	8–12x	15–20x	
6. Y-Übung	Rückenmuskulatur	10–15 Sek.	20–25 Sek.	
7. Liegestütz	Arm-, Brust- und Schultermuskulatur	8–15x	15–30x	

Übung	Ziel	Wdh. dauer Beginner (1–2 x)	Wdh. dauer Fortgeschr. (2–3 x)	
8. Einbeinkniebeuge	Bein- und Gesäßmuskulatur	8–15x	15–30x	
9. Seitstütz (gestreckt)	Ganzkörper (seitliche Rumpfmuskulatur)	10–15 Sek.	15–25 Sek.	
10. Unterarmstütz (gestreckt)	Ganzkörper (vordere Rumpfmuskulatur)	10–15 Sek.	15–25 Sek.	

Das Stuhlprogramm

Übung	Ziel	Wdh. dauer Beginner (1–2 x)	Wdh. dauer Fortgeschr. (2–3 x)	
1. Kopfdrücken (Kopfdrehen)	Hals-Nacken-Muskulatur	8 Sek.	8 Sek.	
2. Radfahren	Bauchmuskulatur	8–15x	15–30x	
3. Callanetics-Übung	Hüftaußenseite (Abduktoren)	15x	15–30x	
4. Lat-Ziehen im Sitzen	Rückenmuskulatur	8 Sek.	8–15 Sek.	
5. Dip	Schulter- und Armmuskulatur	15x	15–30x	

Übung	Ziel	Wdh. Dauer Beginner (1–2x)	Wdh. Dauer Fortgeschr. (2–3x)	
6. Einbeinige Kniebeuge	Bein- und Gesäßmuskulatur	8–15x	15–30x	
7. Fersenheben	Wadenmuskulatur	8–15x	15–30x	

Das Thera-Band-Programm

Übung	Ziel	Wdh. Dauer Beginner (1–2 x)	Wdh. Dauer Fortgeschr. (2–3 x)	
1. Kopfdrehen	Hals-Nacken-Muskulatur	5 x je Seite	8 x je Seite	
2. U-Halte	Schultergürtel-muskulatur	8–15 x	15–30 x	
3. Bizepscurl mit Band	Oberarm-vorderseite	8–15 x	15–30 x	
4. Kickback nach oben	Oberarm-rückseite	8–15 x	15–30 x	
5. Rotatorenübung	Schulteraußen-rotatoren	8–15 x	15–30 x	

Übung	Ziel	Wdh. Dauer Beginner (1–2 x)	Wdh. Dauer Fortgeschr. (2–3 x)	
6. Aufrichteübung	Aufrichtemuskulatur	8–15 x	15–20 x	
7. Seitspreizen	Hüft- und Beinaußenseite	8–15x	15–30x	
8. Nachhintenspreizen	Hüft- und Beinrückseite	8–15x	15–30x	
9. Anheben	Beininnenseite	8–15x	15–30x	
10. Beine hochschieben	Bauchmuskulatur	8–15x	15–30x	

Das Kleinhantelprogramm

Übung	Ziel	Wdh. Dauer Begin-ner (1–2x)	Wdh. Dauer Fort-geschr. (2–3x)	
1. Seit- und Frontheben	Schulter-muskulatur	8–15x	15–30x	
2. Kurzhantel-Curls	Oberarm-vorderseite	8–15x	15–30x	
3. Kickbacks	Oberarm-rückseite	8–15x	15–30x	
4. Rudern Kurzhantel ein-armig, Ellbogen-heben	Schultergürtel, Rückenmuskulatur	8–15x	15–30x	
5. Ausfallschritt-Kniebeuge	Bein- und Hüft-streckmuskulatur	8–15x	15–30x	

Übung	Ziel	Wdh. dauer Beginner (1–2 x)	Wdh. dauer Fortgeschr. (2–3 x)	
6. Albatros	Schultergürtel, Auswärtsdreher	8–15x	15–30x	
7. Achterkreisen	Bauchmuskulatur	8 x je Richtung	15 x je Richtung	
8. Oberkörper heben	Rückenmuskulatur	8–15x	10–20x	
9. Bein- und Rumpfseitheben	Ganzkörpermuskulatur	8–15 Sek.	15–25 Sek.	

Das Mobilisationsprogramm

Übung	Ziel	Wdh./Dauer	
1. Kopfdrehen	Halswirbelsäule	4 x je Seite	
2. Nasenpinsel	Halswirbelsäule	20–40 Sek.	
3. Schulterkreisen rückwärts	Schulterbereich, Aufrichtung	15x	
4. Fingerhakeln	Schulterbereich	3 x je Seite	
5. Becken vorschieben	Kreudarmbeingelenk	20–40 Sek.	
6. Becken heben (Sitzen)	Kreuzdarmbeingelenk	20–40 Sek.	

Übung	Ziel	Wdh./Dauer	
7. Drehdehnsitz	Brustwirbelsäule	20–40 Sek.	
8. Drehdehnlagerung	Brustmuskulatur, Mobilisation Brustwirbelsäule	20–60 Sek.	
9. Katzenbuckel Pferderücken	Wirbelsäule (Beugung) Wirbelsäule (Streckung)	Einige Male im Wechsel	 
10. Becken vorschieben (Liegen)	Kreuzdarmbeingelenk	20–40 Sek.	

Das Dehnprogramm mit Alternativübungen

Übung	Ziel	Dauer	
1. Seitliche Hals-Nacken-Muskulatur	Seitliche Hals-Nacken-Muskulatur	20–40 Sek.	
2. Hintere Hals-Nacken-Muskulatur	Hintere Hals-Nacken-Muskulatur	20–40 Sek.	
3. Rückenmuskulatur	Rückenmuskulatur	20–40 Sek.	
4. Wadenmuskulatur	Wadenmuskulatur	20–40 Sek.	
5. Brustmuskulatur	Brustmuskulatur	20–40 Sek.	
6. Hintere Oberarmmuskulatur	Hintere Oberarm-muskulatur	20–40 Sek.	

ÜBUNG	ZIEL	DAUER	
7. Unterarmmuskulatur	Unterarmmuskulatur (Innenseite)	20–40 Sek.	
8. Vordere Hüftmuskulatur	Hüftbeugemuskulatur	20–40 Sek.	
9. Vordere Oberschenkelmuskulatur	Vordere Oberschenkelmuskulatur	20–40 Sek.	
10. Beininnenseite (Kurzer Beinanzieher)	Adduktoren	20–40 Sek.	
11. Beininnenseite (Langer Beinanzieher)	Adduktoren	20–40 Sek.	
12. Gesäßmuskulatur	Hüftlochmuskulatur	20–40 Sek.	
13. Kobra	Bauchmuskulatur, Streckung Wirbelsäule	20–40 Sek.	
14. Hintere Oberschenkelmuskulatur	Hintere Oberschenkelmuskulatur	20–40 Sek.	

Das Dehnprogramm mit dem Stuhl

Übung	Ziel	Dauer	
1. Rückenmuskulatur	Rückenmuskulatur	20–40 Sek.	
2. Vordere Hüftmuskulatur	Hüftbeugemuskulatur	20–40 Sek.	
3. Vordere Oberschenkelmuskulatur	Vordere Oberschenkelmuskulatur	20–40 Sek.	
4. Beininnenseite (Kurzer Beinanzieher)	Adduktoren	20–40 Sek.	
5. Beininnenseite (Langer Beinanzieher)	Adduktoren	20–40 Sek.	
6. Gesäßmuskulatur	Hüftlochmuskulatur	20–40 Sek.	

Übung	Ziel	Dauer	
7. Kobra	Bauchmuskulatur, Streckung Wirbelsäule	20–40 Sek.	
8. Hintere Oberschenkelmuskulatur	Hintere Oberschenkelmuskulatur	20–40 Sek.	

Literaturverzeichnis

Boeckh-Behrens, W.-U., Buskies, W.: Fitness-Krafttraining. Reinbek 2001

Herpel, M.D.: Ropeskipping. München 2001

Hollmann, W., Hettinger,T.: Sportmedizin. Arbeits- und Trainingsgrundlagen. Stuttgart 1990

Israel, S.: Muskelaktivität und Menschwerdung – Technischer Fortschritt und Bewegungsmangel. St. Augustin 1995

Kempf, H.-D.: Einfach fit und gesund. Reinbek 2003

Kempf, H.-D.: Rückentraining mit dem Thera-Band. Reinbek 2000

Kempf, H.-D., Strack, A., Moriabadi, U.: Fit und schön mit Hanteln. Reinbek 2001

Kempf, H.-D., Reuß, P. (Hrsg): Praxisbuch Herzgruppe. Stuttgart 2000

Kempf, H.-D., Schmelcher, F., Ziegler, C.: Trainingsbuch Thera-Band. Reinbek 1996

McKenzie, R.: Behandle deinen Rücken selbst. Kirchzarten 1988

Radlinger, L. u. a.: Rehabilitatives Krafttraining. Stuttgart 1998

Steffens, T., Grüning, M.: Das Laufbuch. Reinbek 1999

Der Autor

Hans-Dieter Kempf

(www.dierueckenschule.de)

- Jahrgang 1960, Größe: 185 cm, derzeitiges Gewicht: 77 kg, BMI: 22,4, Körperfettanteil: 8,0 %.
- Fünf Kinder (Jenny, Sunny, Maximilian, Marie, Jule), kocht und isst ebenso gerne, mag gute Weine und manchmal eine Havanna.
- Früher Leistungssport (Schwimmen, Wasserball), heute u. a. Skifahren, Surfen, Wellenreiten, Laufen mit dem «Babyjogger» (10 km: 0:37, Halbmarathon: 1:19, Marathon: 2:57).
- Studium der Physik und der Sportwissenschaft an der Universität Karlsruhe. 1986 Entwicklung der Karlsruher Rückenschule, Mitbegründer und Vorstandsmitglied des «Forums Gesunder Rücken», maßgebliche Beteiligung am Aufbau und der Weiterentwicklung der Rückenschulbewegung in Deutschland.
- Seit 1993 freiberuflich tätig als Trainer, Berater und Fachautor sowie als Referent und Lehrbeauftragter für zahlreiche Institutionen. Betreuung verschiedener Fitness- und Rehabilitationsgruppen in Karlsruhe.
- Im Rowohlt Taschenbuch Verlag sind von ihm erschienen: Die Rückenschule (Nr. 19793), Rückenschule für Kinder (Nr. 19338), Sitzschule (Nr. 19715), Trainingsbuch Rückenschule (Nr. 19960), Trainingsbuch Thera-Band (Nr. 19452), Trainingsbuch Fitnessball (Nr. 19464), Jetzt sitzen Sie richtig (Nr. 60373), Fit am Bildschirm (Nr. 19892), Fit und schön mit dem Thera-Band (Nr. 19479), Krafttraining mit dem Thera-Band (Nr. 19484), Rückentraining mit dem Thera-Band (Nr. 61001), Die Herzschule (Nr. 61009), Der Hantel-Krafttrainer (Nr. 61013), Fit und schön mit Hanteln (Nr. 61020) und Einfach fit und gesund (Nr. 61391). Seine Bücher sind in mehrere Sprachen übersetzt.